NOTAS PASTORALES

Una guía esencial para el estudio de las escrituras.

Deuteronomio

Nashville, Tennessee

Notas Pastorales, *Deuteronomio*
© Copyright 1999
Broadman & Holman Publishers
Todos los derechos reservados.
Impreso en los Estados Unidos de América
ISBN # 0–8054–9356–5

Versión Reina-Valera, revisión de 1960
Texto bíblico © Copyright 1960,
Sociedades Bíblicas en América Latina.
Publicado por Broadman & Holman Publishers,
Nashville, Tennessee 37234

1 2 3 4 5   03 02 01 00 99

CONTENIDO

Estimado lector:

Notas Pastorales están diseñadas para proporcionarle, paso a paso, un vistazo panorámico de todos los libros de la Biblia. No pretende sustituir al texto bíblico; más bien, son guías de estudio cuya intención es ayudarle a explorar la sabiduría de las Escrituras en un estudio personal o en grupo y a aplicar con éxito esa sabiduría a su propia vida.

Notas Pastorales le guían a través de los temas principales de cada libro de la Biblia y aclaran detalles fascinantes por medio de comentarios y notas de referencias apropiados. La información de los antecedentes históricos y culturales dan un enfoque especial al contenido bíblico.

A lo largo de la serie se han usado seis diferentes iconos para llamar la atención a la información histórica y cultural, referencias al Antiguo y Nuevo Testamentos, imágenes verbales, resúmenes de unidades y aplicaciones personales para la vida cotidiana.

Ya sea que esté dando usted los primeros pasos en el estudio de la Biblia o que sea un veterano, creo que encontrará en *Notas Pastorales* un recurso que lo llevará a un nuevo nivel en su descubrimiento y aplicación de las riquezas de las Escrituras.

Fraternalmente en Cristo,

David R. Shepherd
Director Editorial

DISEÑADO PARA EL LECTOR OCUPADO

Notas Pastorales sobre Deuteronomio están diseñadas para proporcionarle una herramienta fácil de usar a fin de poder captar las características importantes de este libro y para lograr una buena comprensión del mensaje de Deuteronomio. La información que aparece en obras de referencia más difíciles de usar ha sido incorporada en el formato de *Notas Pastorales*. Esto le brinda los beneficios de obras más avanzadas y extensas concentrados en un tomo pequeño.

Notas Pastorales es para laicos, pastores, maestros, líderes y participantes de pequeños grupos, al igual que para el alumno en el salón de clase. Enriquezca su estudio personal o su tiempo de quietud. Acorte el tiempo de preparación para su clase o pequeño grupo al ir captando valiosas percepciones de las verdades de la Palabra de Dios que puede transmitir a sus alumnos o miembros de su grupo.

DISEÑADO PARA SER DE FACIL ACCESO

Las personas con tiempo limitado apreciarán especialmente las ayudas que ahorran tiempo, incorporadas en *Notas Pastorales*. Todas tienen la intención de lograr un encuentro rápido y conciso con el corazón del mensaje de estos libros.

Comentario conciso. Deuteronomio está repleto de personajes, lugares y acontecimientos. Las breves secciones proporcionan "fotos" instantáneas de las narraciones y los argumentos del autor, recalcando puntos importantes y otra información.

Texto bosquejado. Un bosquejo extenso abarca el texto completo de Deuteronomio. Esta es una valiosa ayuda para poder seguir la fluidez de la narración, dando una manera rápida y fácil de localizar algún pasaje en particular.

Notas Pastorales. Son declaraciones resumidas que aparecen al final de cada sección clave de la narración. Aunque sirven en parte como un rápido resumen, también brindan la esencia del mensaje presentado en las secciones que cubren.

Iconos. Varios iconos en el margen recalcan temas recurrentes en Deuteronomio y ayudan en la búsqueda o ubicación de esos temas.

Acotaciones al margen y cuadros. Estas ayudas, seleccionadas especialmente, brindan información adicional de trasfondo a su estudio o preparación. Contienen definiciones tanto como observaciones culturales, históricas y bíblicas.

Mapas. Se encuentran en los lugares apropiados en el libro para ayudarle a comprender y estudiar determinados textos o pasajes.

Preguntas para guiar su estudio. Estas preguntas que motivan a pensar y que sirven para comenzar un diálogo, están diseñadas para estimular la interacción con las verdades y los principios de la Palabra de Dios.

DISEÑADO PARA AYUDARLE A USTED

Estudio personal. Usar *Notas Pastorales* junto con un pasaje bíblico puede arrojar luz sobre su estudio y llevarlo a un nuevo nivel. Tiene a la mano información que le requeriría buscar en varios tomos para encontrarla. Además, se incluyen muchos puntos de aplicación a lo largo del libro, lo que contribuye a su crecimiento personal.

Para enseñar. Los bosquejos enmarcan el texto de Deuteronomio y proporcionan una presentación lógica del mensaje. Los pensamientos "en cápsulas" redactados como *Notas Pastorales* brindan declaraciones resumidas para presentar la esencia de puntos y acontecimientos clave. Los iconos que simbolizan aplicación destacan la aplicación personal del mensaje de Deuteronomio. Los iconos que apuntan al contexto histórico y al contexto cultural indican dónde aparece la información de trasfondo.

Estudio en grupo. Notas Pastorales puede ser un excelente tomo complementario para usar a fin de obtener una comprensión rápida y precisa del mensaje de un libro de la Biblia. Cada miembro del grupo se beneficiará al tener su propio ejemplar. El formato de *Notas* facilita el estudio y la ubicación de los temas a lo largo de Deuteronomio. Los líderes pueden usar sus características flexibles para preparar las sesiones del grupo o para usarla en el desarrollo de las mismas. Las preguntas para guiar su estudio pueden generar el diálogo de los puntos y verdades clave del mensaje de Deuteronomio.

LISTA DE ICONOS QUE SE USAN EN DEUTERONOMIO

 Notas Pastorales. Aparece al final de cada sección, es una declaración "en cápsula" que provee al lector la esencia del mensaje de esa sección.

 Referencia al Antiguo Testamento. Se usa cuando el escritor hace referencia a pasajes del Antiguo Testamento que se relacionan con el pasaje o que inciden sobre la comprensión o interpretación del mismo.

 Referencia al Nuevo Testamento. Se usa cuando el escritor hace referencia a pasajes del Nuevo Testamento que se relacionan con el pasaje o que inciden sobre la comprensión o interpretación del mismo.

 Antecedente histórico. Se usa para indicar una información histórica, cultural, geográfica o biográfica que arroja luz sobre la comprensión o interpretación de un pasaje.

 Aplicación personal. Usado cuando el texto brinda una aplicación personal o universal de una verdad.

 Imagen verbal. Indica que el significado de una palabra o frase específica es ilustrada a fin de arrojar luz sobre ella.

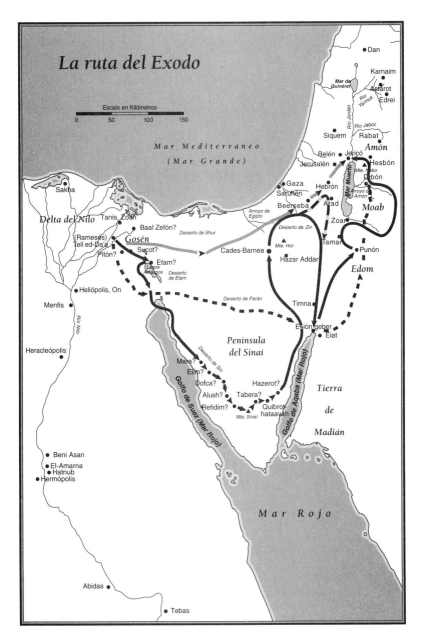

Adaptado del Holman Bible Handbook [Manual Bíblico Holman], (Nashville, Tenn.: Broadman & Holman Publishers, 1992), p. 169.

INTRODUCCION

Aunque generalmente pensamos en Deuteronomio como un libro de leyes, en realidad es algo muy diferente. Deuteronomio es un libro de instrucción religiosa y ética para el antiguo pueblo de Israel. Sus enseñanzas fueron diseñadas para ayudar a los israelitas, el pueblo de Dios, a vivir sabia y piadosamente en sus casas, trabajos y comunidades. Las personas que siguieron las instrucciones de Deuteronomio llegaron a ser miembros responsables de familia y buenos ciudadanos.

AUTOR Y FECHA DE SU ESCRITURA

En ninguna parte del libro de Deuteronomio se incluye el nombre del autor. No obstante, hay buenas razones para creer que Deuteronomio fue escrito por Moisés.

La tradición de la paternidad literaria mosaica del Pentateuco se basa principalmente en el testimonio mismo de Deuteronomio. Existen numerosas referencias a palabras que Moisés pronunció y aun escribió en el mismo libro (ver 1:1, 5; 5:1; 27:1; 29:2; 31:1, 9, 24, 30; 33:1). Aparentemente, los escritores posteriores del Antiguo Testamento y el mismo Jesús aceptaron la autoría mosaica del Pentateuco cuando hablaron de "la ley de Moisés" (ver Jos. 1:7, 8; 1 R. 2:3; 2 R. 14:6; 2 Cr. 25:4; Esd. 3:2; Lc. 24:44).

Los asuntos relacionados con la paternidad literaria del Pentateuco son complejos y no se deben pasar por alto ligeramente. Sin embargo, los cristianos, como seguidores de Cristo, hacen bien en tener el mismo alto criterio que Jesús tenía de las Escrituras. Los libros del Pentateuco,

El título del quinto libro de la Biblia, *Deuteronomio,* se deriva de una palabra griega que significa "segunda ley". Este título está basado en una antigua traducción griega de la frase: "Una copia de esta ley", que se encuentra en Deuteronomio 17:18. El nombre del libro en hebreo, el idioma en que fue escrito, es: "Estas son las palabras", frase con la que comienza el libro.

Los principios de vida que se encuentran en Deuteronomio tienen pertinencia para las épocas posteriores a la del antiguo pueblo de Israel. También dan a conocer a los cristianos, el actual pueblo de Dios, cómo vivir de manera que sea agradable a Dios en medio de las complejidades del Siglo XXI.

El título del libro de Deuteronomio que aparece en algunas traducciones: "Libro Quinto de Moisés", no es parte del texto inspirado de la Biblia. Más bien, este título refleja una tradición judía y cristiana de los primeros días. De acuerdo con esta tradición, Moisés escribió los cinco libros del Pentateuco (Génesis, Exodo, Levítico, Números y Deuteronomio) durante el peregrinaje de Israel por el desierto, antes de entrar a Canaán.

Moisés vivió en el siglo quince o en el trece a. de J.C. Se puede calcular cuándo vivió Moisés por las evidencias que fechan el éxodo de Egipto y la conquista de Canaán por Josué. Esta evidencia, que incluye datos literarios, históricos, arqueológicos y sociocientíficos, es compleja y no conclusiva.

incluyendo Deuteronomio, tienen sentido histórico y teológico, teniendo a Moisés como autor y a sus contemporáneos como lectores a los que iba dirigido.

Aunque es correcto hablar de Moisés como el autor del Pentateuco, existen evidencias en la Biblia de que fue guiado por la influencia del Espíritu Santo a usar recursos escritos u orales ya existentes para escribir este libro (ver Nm. 21:14). La actividad literaria de Moisés es muy similar a la de Lucas en este sentido (Lc. 1:1-4). Otros versículos en el Pentateuco sugieren que hubo alguna "actualización" editorial después de la muerte de Moisés, como es el relato de la muerte y sepultura de Moisés (Dt. 34:1-12). Sin embargo, lo esencial del Pentateuco, y, especialmente, del libro de Deuteronomio, debe acreditarse a Moisés.

Con la excepción de Jesús, ningún personaje en la historia bíblica está por encima de Moisés. Aunque la biografía de Moisés puede escribirse de los datos que se encuentran en Exodo y Números, el libro de Deuteronomio provee un vistazo especial de la vida del vocero de Dios. En Deuteronomio, la voz de Dios y la voz de Moisés parecen una. Moisés habló la palabra divina a Israel como maestro (1:5; 4:5; 6:1) y profeta (18:15; 34:10-12). También actuó como un intercesor que sintió profundamente —hasta se podría decir que "sufrió"— por el bien de su pueblo errado (9:6–10:11). Patrick D. Miller, hijo.

DESTINATARIOS

Los cinco libros del Pentateuco, todos escritos por Moisés y vinculados en estructura y tema, fueron diseñados para que fueran leídos como una sola obra por un público específico. El público era la generación de israelitas que se preparaba para entrar a la tierra prometida.

El Israel que Moisés enfrentaba en el ocaso de su carrera se encontraba frente a cambios significativos. Se hallaban ya lejos de la difícil vida de esclavitud en el Egipto politeísta. Estaban por terminar cuarenta años de peregrinaje por el desierto. Una generación antes, en el monte Sinaí, Israel había establecido un pacto con el verdadero Dios. Ahora se encontraban en el umbral, listos para recibir su propia tierra, Canaán, y poner en marcha las estructuras sociales, políticas, económicas y religiosas que acompañarían una vida establecida. Esta sería *su* tierra prometida, entregada por el mismo Dios para que su pueblo escogido, Israel, pudiera tener vidas plenas y bendecidas, y ser de bendición (Gn.12:1-3). Pero Canaán era una tierra extranjera para los israelitas, que presentaba numerosos retos a su bienestar físico, social y espiritual.

PROPOSITO

Quizá la crisis más grande que el pueblo de Israel enfrentó una vez que estaba por terminar su peregrinaje en el desierto fue el cambio de liderazgo. Moisés estaba a punto de morir y Josué, y no Moisés, guiaría a los israelitas a Canaán. Todo el Pentateuco, pero especialmente el libro de Deuteronomio, sería un testimonio perpetuo del pacto que Dios había establecido libremente con Israel en el monte Sinaí (4:13; 31:24-26). Por esta razón era imperativo que Moisés confiara a Josué, en forma escrita, la revelación que él había recibido de Dios (31:7-29).

Juntos, estos cinco libros del Pentateuco son conocidos como la Tora. *Torah* es una palabra hebrea que generalmente se traduce "ley".

Dios, el autor divino del Pentateuco, guió a Moisés para que hablara con relevancia, no sólo a los israelitas del día de Moisés, sino también a todas las generaciones. Más adelante, escritores del Antiguo Testamento como Oseas y Jeremías fueron muy influenciados por el libro de Deuteronomio. Jesús lo citó a menudo, hasta tres veces cuando fue tentado por Satanás (Mt. 4:4, 7, 10; cop. Dt. 8:3; 6:13, 16). En su totalidad, los escritores del Nuevo Testamento citaron, mencionaron o se refirieron a Deuteronomio más de 200 veces. Hoy día judíos piadosos recitan, cada mañana y tarde, el *Shema* (6:4), la gran confesión del monoteísmo. Los cristianos también se benefician mucho al leer y considerar cuidadosamente las instrucciones divinas que se encuentran en Deuteronomio.

Gran parte del Pentateuco contiene estatutos, testimonios y mandamientos que tenían la intención de regir la vida personal, social y religiosa del antiguo pueblo de Israel (ver Ex. 20:1–31:17; Levítico; Nm. 18:1–19:22; Dt. 12:1–25:19). En realidad el pacto de Dios en el monte Sinaí ha sido llamado la "constitución" del antiguo Israel.

Sin embargo, no toda situación que requería asesoramiento legal en el antiguo pueblo de Israel tenía un estatuto específico correspondiente en el Pentateuco. El material legal en el Pentateuco contiene información muy detallada en relación a algunas situaciones (p. ej., asuntos relacionados con la adoración y la justicia social) y muy poca con relación a otras (como el matrimonio y divorcio). Aparentemente no era un código completo de leyes, sino un paradigma para guiar a los israelitas en su relación con Dios y los unos con los otros. Conocer bien las leyes del Pentateuco permitía a los antiguos israelitas resolver otros asuntos, según se suscitaban (ver 19:4-6). Por lo tanto, el propósito del material legal de Deuteronomio era no sólo reglamentar, sino también instruir y guiar. Por esta razón, la palabra *Tora* es frecuentemente traducida "enseñanza" o "instrucción".

La palabra hebrea *torah,* que generalmente se traduce "ley" en la Biblia, se deriva de una palabra que significa "dirección", u "orientación", o "instrucción". Una mejor traducción de la palabra *torah* es "enseñanza". En la Biblia la palabra *torah* se usa en varios contextos, desde un hombre sabio que enseña a su hijo (Pr. 3:1), a un Dios que enseña a Israel (Is. 1:10). La palabra ley tiene connotaciones negativas ("¡tienes que hacerlo!") mientras que la palabra enseñanza tiene connotaciones positivas ("permíteme enseñarte cómo, ¡para que desees hacerlo!"). Esta última es mucho más consecuente con el espíritu e intención del Pentateuco (comp. Dt. 30:6; Ro. 15:4).

Con esto en mente, el propósito de Deuteronomio se hace claro. Dicha intención se especifica en Deuteronomio 1:5: "Resolvió Moisés declarar esta ley." Eso es, el quinto libro de Moisés es una *explicación* de la ley, no sólo una repetición de la misma, como puede sugerirlo el título *segunda ley* ("Deuteronomio").

Deuteronomio consiste principalmente en sermones pronunciados por Moisés que ofrecieron al pueblo antiguo de Israel una guía para vivir en la tierra de Canaán. Hicieron esto aplicando los principios de comportamiento ya existentes, que estaban arraigados en el pacto con Dios, a las nuevas situaciones que el pueblo de Israel enfrentaría una vez que llegara a Canaán. En muchas formas, entonces, Deuteronomio es algo como un comentario de las leyes ya conocidas .

"Y circuncidará Jehová tu Dios tu corazón, y el corazón de tu descendencia, para que ames a Jehová tu dios con todo tu corazón y con toda tu alma, a fin de que vivas" (Dt. 30:6).

A través de sus sermones, Moisés exhortó a Israel a que escuchara nuevamente la Tora de Dios (instrucciones) y reafirmara su compromiso con él (6:5). Debido a las experiencias de Israel en el desierto, Moisés sabía que la ley no se podía obedecer por medio del esfuerzo externo. Más bien, el compromiso de Israel hacia Dios debía salir del corazón (30:6).

ESTRUCTURA Y CONTENIDO

La estructura y contenido de Deuteronomio están ligados a la estructura y contenido general del Pentateuco, la obra más grande de la cual es la conclusión. Cada uno de los libros del Pentateuco contribuye con elementos teológicos necesarios al desarrollo de su tema general: La redención y restauración del pueblo de Dios.

LIBRO	ENFOQUE DEL TEMA
Génesis 1–11	Comienzos
Génesis 12–50	Promesa
Exodo	Redención
Levítico	Santidad
Números	Prueba
Deuteronomio	Instrucción

El libro de Deuteronomio está compuesto principalmente de cuatro sermones, un cántico y una amplia bendición que Moisés dirigió a Israel en los campos de Moab junto al Jordán frente a Jericó (comp. Nm. 35:1; 36:13). Estos discursos fueron pronunciados poco antes de que Israel cruzara el Jordán para comenzar su conquista de Canaán. En cada discurso Moisés proveyó instrucciones importantes para Israel, relacionadas con su próxima vida en la tierra prometida. Específicamente, el objetivo de estas instrucciones fue explicar las ramificaciones del pacto que Dios e Israel habían hecho en el monte Sinaí.

DISCURSO	TEMA	REFERENCIA
Primer sermón de Moisés	Recordando el pasado	1:5–4:40
Segundo sermón de Moisés	Preparándose para el presente	4:44–26:19
Tercer sermón de Moisés	Consecuencias de la obediencia	27:1–29:1
Cuarto sermón de Moisés	Mirando hacia el futuro	29:2–30:20
El cántico de Moisés	Alabanza	31:30–32:43
Bendición de Moisés	Bendiciones sobre las doce tribus	33:1-29

El segundo sermón de Moisés, el más largo, constituye el corazón de Deuteronomio. En este sermón Moisés comunicó primero los Diez Mandamientos (5:6-21), y luego explicó, en su orden apropiado, lo que cada uno de los mandamientos significaba para la vida en la tierra prometida.

Hay consenso general en que el orden específico en que los seis discursos de Moisés fueron colocados en el libro de Deuteronomio, fue modelado por un tipo de pacto antiguo llamado tratado de relación de vasallaje. Los heteos antiguos firmaron tratados de relación de vasallaje con el fin de estipular los derechos y las obligaciones que se aplicaban a cada parte. Típicamente, estos pactos contenían ciertos componentes que también se encuentran en Deuteronomio en el mismo orden general:

- preámbulo (1:1-5), provee el escenario para el tratado;
- prólogo histórico (1:6–4:49), resumen de los eventos que llevan al tratado;
- estipulaciones generales (5:1–11:32), dan los principios generales que definen la relación entre las partes;
- estipulaciones específicas (12:1–26:19), proveen estatutos para guiar la relación entre las partes;
- bendiciones y maldiciones (27:1–28:68), bosqueja las consecuencias de cumplir o incumplir los términos pactados; y
- testigos del tratado (30:19; 31:19; 32:1), testifican del compromiso hecho entre las partes.

¿Por qué se usó un tratado de relación de vasallaje para estructurar Deuteronomio, un libro de instrucciones en forma de discursos? Los pactos de relación de vasallaje se redactaban en el antiguo Cercano Oriente cuando una gran potencia (generalmente un rey) deseaba establecer ciertas condiciones que regirían sobre un pueblo vasallo menos poderoso (generalmente un rey o un pueblo conquistado en una batalla). Dios había establecido un pacto con el pueblo de Israel en el monte Sinaí (4:13). Moisés usó un modelo de pacto conocido para expresar la naturaleza de esa relación con Israel. Dios, el soberano absolu-

Los heteos era un pueblo grande e influyente del segundo milenio a. de J. C. Vivían en la meseta de Anatolia (Turquía central moderna). Durante el tiempo de Moisés, los heteos habían formado un imperio extenso y poderoso que rivalizaba con Egipto por el control de los pueblo costeros en el mediterráneo oriental. A principios del siglo quince a. de J. C. los heteos codificaron sus leyes. A principios del siglo trece pelearon una batalla principal con Egipto en Cades en el río Orontes (en Líbano moderno) que concluyó con un tratado de paz.

to, impuso ciertas obligaciones sobre Israel, su pueblo, y al mismo tiempo se comprometió a cuidarlos. Las acciones señalan el compromiso a una relación, y la obediencia a las leyes de Dios por parte de Israel sirvió para dar validez a su compromiso en el pacto.

ESTILO LITERARIO

Deuteronomio es un relato, pero el capítulo 34 es el único que realmente puede llamarse una narración. La historia que se relata no es tanto una de eventos que *habían* sucedido (aunque se encuentra un registro de eventos históricos en los capítulos 1 al 4 y en diversos lugares en los capítulos 5 al 11), sino de cosas que *sucederían* o —dependiendo del nivel de obediencia a Dios— *podían* pasarle a Israel. Con Moisés el libro de Deuteronomio mira a través del río Jordán hacia la tierra de Canaán y anticipa la historia futura de Israel.

El libro de Deuteronomio es más fácil de leer que otras secciones legales del Pentateuco. Esto se debe a que está escrito en un estilo homilético, como una predicación o exhortación. En Exodo, Levítico y Números, Dios habló a Moisés y dio a Israel una colección de leyes; en Deuteronomio, Moisés habló a Israel *acerca de* las leyes que Dios ya había dado.

Las palabras de Moisés eran apasionadas. Citó leyes, pronunció bendiciones y maldiciones y compuso poesía. Cada una tenía la intención de motivar a Israel a responder favorablemente a las demandas de su pacto con Dios. Juntos, los sermones de Moisés sirvieron como su discurso de despedida, pronunciados con toda la convicción y urgencia de un hombre que deseaba desesperadamente que le fuera bien a su pueblo.

TEOLOGIA

Deuteronomio es un libro rico en teología que se puede apreciar solamente si se lee (¡y relee!) cuidadosamente, primero dentro del contexto del Pentateuco, luego en relación con todo el Antiguo Testamento, y finalmente a la luz del Nuevo Testamento. En Deuteronomio se proclaman muchas verdades bíblicas, tales como:

- monoteísmo (6:4);

- la soberanía de Dios sobre las personas y la naturaleza (3:1-3, 18; 11:11-17; 28:1-6, 15-19);

- el amor de Dios por las personas y nuestro amor en respuesta a él (1:31; 7:7, 8; 11:1-12; 30:20);

- la solidaridad del pueblo del pacto de Dios (14:27-29; 15:7-11; y

- la importancia del comportamiento since-ro y ético en la vida diaria (6:4, 5; 10:16-20; 30:6)

El mensaje teológico de Deuteronomio se basa en el concepto del pacto. El pacto que Dios estableció con los hijos de Israel en el monte Sinaí los unió a él y a su pueblo en una relación íntima. La "intimidad" divina de Israel les daba el derecho a ciertos privilegios y responsabilidades (7:6-11; 10:12-15). Israel fue escogido para ser el "pueblo especial" de Dios (7:6; comp. Ex. 19:5, 6) y se les dio instrucciones especiales para ayudarles a vivir correctamente en la tierra prometida (5:1–25:19). A cambio, se esperaba que ellos obedecieran los mandamientos de Dios (27:9, 10). Si lo hacían, serían bendecidos (28:1-14); pero si no, serían castigados (esto es, "maldecidos") y expulsados de su tierra (28:15-68). Las bendiciones de Dios para Israel bajo los términos del pacto establecido en el monte Sinaí eran, por tanto condicionales, basadas en la obediencia de Israel a los términos del pacto.

Moisés sabía que el pueblo de Israel no podría obedecer las leyes de Dios por su propio esfuerzo. Por esta razón, habló de la necesidad de Israel de recibir un "corazón circunciso" (10:16; 30:6), una metáfora de la fe en Dios.

Un pacto es un convenio entre dos partes que los compromete mutuamente a ciertas obligaciones y beneficios previamente acordados. Las Escrituras se refieren a varios pactos establecidos entre diversas personas y naciones. Algunos fueron instituidos por Dios; estos incluyen pactos hechos con Noé (Gn. 9:9-17), Abraham (Gn. 15:17-21; 17:2, 9-14), Moisés (Ex. 19:5, 6), David (2 S. 7:12-16; comp. 23:5), y el nuevo pacto de Jeremías 31:31-34. Aunque la forma y detalles de estos pactos divinos difieren, su contenido básico permanece igual: "Seré vuestro Dios; y vosotros seréis mi pueblo y moraré en medio de vosotros" (comp. Gn. 17:7; Ex. 6:6, 7; 19:4, 5).

Deuteronomio, el último libro del Pentateuco, tiene vínculos teológicos íntimos con Génesis, el primer libro del Pentateuco. En Génesis, Dios prometió a Abraham, Isaac y Jacob que sus descendientes llegarían a ser una nación grande y heredarían la tierra "desde el río de Egipto hasta el río grande, el río Eufrates" (Gn. 15:18; comp. Gn. 12:1-3; 13:14-17; 17:6-8, 16; 22:17, 18; 26:3, 4; 28:13-15; 35:10-12). Al final del libro de Deuteronomio la nación de Israel estuvo frente a la tierra prometida, creada y dada por Dios.

La tierra pertenecía a Dios, pero fue dada a Israel como un regalo para que la poseyera (1:25; 5:16, 31; 12:1). Dios sería identificado de tal forma con su pueblo y su tierra que haría que su "nombre" (p. ej. carácter o esencia) morara allí (12:11; 14:23). Como el huerto del Edén, la tierra era "buena" (1:25; comp. Gn. 1:31) y un lugar agradable para vivir (11:9; 26:15; comp. Gn. 1:29). La tierra era un lugar de "reposo" (12:9, 10) en donde cada séptimo día Israel podía recordar que Dios "descansó" y disfrutó de su creación (5:12-15; comp. Ex. 20:8-11; Gn. 2:1-3). En Deuteronomio este enfoque especial en la tierra habla de la necesidad de los israelitas de "pertenecer" y tener seguridad.

EL SIGNIFICADO DE DEUTERONOMIO PARA HOY

Deuteronomio representa gráficamente el carácter de Dios, la naturaleza pecaminosa del hombre y la posibilidad de restauración por medio de la gracia de Dios. Dado que tales cosas no cambian, los principios de Deuteronomio ayudan a los cristianos a comprender mejor a Dios, a sí mismos y al mundo.

Muchos de los "problemas" que los cristianos tienen con relación a la pertinencia de Deute-

Hace casi 3.500 años que Moisés estuvo frente a Israel en el campo de Moab y habló las palabras que fueron conocidas como el libro de Deuteronomio. Aunque las palabras de Moisés fueron moldeadas para llenar las necesidades específicas de sus contemporáneos, continúan siendo pertinentes para los cristianos de nuestro día. Durante el Siglo IV d. de J. C., San Agustín dijo: "La ley de Dios fue necesaria no sólo para la gente de ese tiempo, sino que también sigue siendo necesaria hoy día para ordenar correctamente nuestras vidas." Al acercarnos al Siglo XXI, sigue siendo muy importante que los cristianos escuchen nuevamente las leyes de Dios.

ronomio radican en el material legal que domina gran parte del libro. ¿Existe una distinción entre la ley mosaica que es universal y eterna (p. ej. la ley moral) y la ley mosaica que está limitada a la cultura y el tiempo (ley civil y ceremonial)? Aunque tal distinción se hace frecuentemente por intérpretes modernos de la Biblia, no está tan claramente indicada en las Escrituras. Aun la iglesia del Nuevo Testamento tuvo dificultad en determinar hasta qué punto los que vivían bajo el nuevo pacto debían seguir la ley mosaica (ver Hch. 15:1-29).

Se reconoce que los Diez Mandamientos (5:6-21) generalmente se aplican a todos los cristianos; pero uno de ellos, "Guardarás el día de reposo para santificarlo" (5:12-15), parece ser una ley ceremonial ligada a la cultura. ¿Cuál debe ser la respuesta del cristiano a las leyes del Antiguo Testamento?

Los cristianos harán bien en darse cuenta de que, en primer lugar, el material legal de Deuteronomio, como la Tora, es mejor comprendida no como una ley en sí, sino como las instrucciones de Dios para vivir en la tierra prometida (ver "Propósito" en las páginas anteriores). Al seguir estas instrucciones, los israelitas antiguos aprendieron lo que significaba vivir vidas agradables y aceptables para Dios.

Así es para el cristiano. La Tora continúa demostrando lo que Dios espera de su pueblo, aunque las circunstancias específicas de la vida en el actual mundo occidental son radicalmente diferentes a lo que eran en el antiguo Cercano Oriente. La ley del Antiguo Testamento se aplica a los cristianos en el sentido de que por ella podemos aprender lo que Dios espera de nosotros en nuestra relación con él y con otros. Jesús nos ayudó a aprender cómo usó la legislación mosaica cuando él la aceptó y luego la aplicó en el Sermón del monte (Mt 5–7; comp. Mt. 22:34-40). De más importancia, Jesús obedeció la ley de corazón, una actitud basada en la fe, que fue la intención de Moisés desde el principio (10:16; 30:6).

De esta forma, hasta la ley ceremonial tiene pertinencia para los cristianos. Cuando Pablo insta a los cristianos a que presenten sus "cuerpos en sacrificio vivo, santo, agradable a Dios" (Ro. 12:1), está pidiendo la misma clase de relación que Dios buscaba tener con Israel a través del sacrificio. Aunque el mecanismo físico que esa relación expresó ha cambiado, la base de la relación —fe en Dios— no.

Deuteronomio también tiene significado para los cristianos porque habla del Mesías. La valoración concluyente de la vida de Moisés: "Y nunca más se levantó profeta en Israel como Moisés, a quien haya conocido Jehová cara a cara" (34:10), anticipa un futuro profeta que un día sobrepasaría aun a Moisés (18:15-22; comp. Mt. 13:17). Ese es Jesucristo, un profeta más grande que Moisés (Jn.1:45; 7:40; Hch. 3:22-26; 7:37) porque es el Hijo de Dios (He. 1:1, 2; 3:1-6).

Moisés fue un retrato (o prototipo) de Jesús. La obra de Cristo fue similar, pero muy superior a la de Moisés. Moisés fue el siervo de Dios (34:5), pero Jesús es el Hijo de Dios (He. 3:1-6). Moisés habló con Dios "cara a cara" (34:10), pero Jesús conoció a Dios aun más íntimamente porque es Dios (Lc. 10:22; Jn. 1:18). Moisés obraba milagros (34:11, 12), pero los milagros de Jesús fueron más grandes y numerosos (Mt. 11:2-5). Moisés oró de todo corazón que Dios preservara a un Israel errado (9:18- 20), pero Jesús intercede diariamente a Dios por un mundo pecador (1 Ti. 2:5; He. 4:14-16). Moisés dio la ley (5:1–25:19), pero Jesús fue el mediador del nuevo pacto (He. 8:5-7; 9:15; 12:24; comp. Mt. 5:17-48). Moisés liberó a Israel de la esclavitud en Egipto (11:2-4), pero Cristo Jesús libera a todas las personas de la esclavitud del pecado (Lc. 4:18; Ro. 5:12-21; 7:24, 25; He. 7:27).

PRIMER SERMON DE MOISES

RECORDANDO EL PASADO (DT. 1:1–4:43)

Deuteronomio es un libro que contempla el futuro. Cada uno de los sermones de Moisés anticipaba el día cuando Israel se establecería en la tierra prometida. Sus palabras vieron el potencial para un gran futuro que permanecía abierto delante de Israel, como un pergamino que no se había leído.

No obstante, Moisés comenzó Deuteronomio hablando del pasado. Subrayó ciertos eventos de la reciente historia del antiguo pueblo de Israel —muchos de los cuales fueron recordados vívidamente por los oyentes de Moisés— para ilustrar gráficamente y con exactitud lo que el pacto que Dios había establecido con su pueblo significaba.

Los cinco versículos introductorios de Deuteronomio constituyen un preámbulo al libro, similar a los preámbulos que habitualmente introducían los antiguos tratados de relación de vasallaje en el Cercano Oriente (ver "Introducción, Estructura y Contenido" en páginas anteriores).

El escenario de Deuteronomio (Dt.1:1-5)

Moisés habló a Israel estando al este del río Jordán en el campo de Moab (1:5; comp. Nm. 35:1; 36:13), cuarenta años después del éxodo de Egipto (1:3) y después de la victoria de Israel

Arabá en la Biblia es el término que se usa para designar el gran Rift Valley (parte del valle del Jordán) que se encuentra entre lo que ahora son los países de Israel y Jordania.

En la Biblia, el término generalmente se refiere al valle del río Jordán al norte del mar Muerto (ver Dt. 3:17; 2 R.. 25:4, 5), pero hoy el Arabá designa la extensión desde el Rift Valley al sur del mar Muerto hasta el golfo de Aqaba. Horeb (liteteralmente "sequedad") es el nombre del monte Sinaí, preferido en Deuteronomio. Aparece nueve de las diez veces que el monte Sinaí se menciona en el libro. Moab es la región que se encuentra inmediatamente al este del Mar Salado, y el término Transjordania se refiere a toda la tierra al este del río Jordán, un área que aproximadamente corresponde al país moderno de Jordania.

sobre Sehón y Og, dos reyes poderosos que vivían en Transjordania (1:4). La mayoría de los lugares mencionados en el versículo 1 no pueden ser identificados; probablemente eran lugares de descanso en el Arabá en el camino de Horeb (1:2) a Moab (1:5). El primer día del mes undécimo (1:3) aconteció en lo que para nosotros sería de mediados a fines de enero.

- "Estas son las palabras que habló Moisés a todo Israel" (1:1).
- "Moisés habló a los hijos de Israel conforme a todas las cosas que Jehová le había mandado acerca de ellos" (1:3).
- "Resolvió Moisés declarar esta ley, diciendo" (1:5).

Con estas palabras Deuteronomio estableció una línea de autoridad clara y deliberada que pasó de Dios a Moisés a Israel. Moisés hablaría las palabras de Dios directamente a Israel y las interpretaría de una forma totalmente consecuente con la revelación previa que había recibido en el monte Sinaí (Ex. 19–24). De esta forma, la validez de las palabras de Moisés estuvieron afirmadas no en sí mismo o en la revelación del pacto realizado en Sinaí, sino en la realidad de Dios.

■ Al terminar el peregrinaje de Israel en el
■ desierto, Moisés se propuso explicarle al
■ pueblo lo que el pacto de Dios requeriría de
■ ellos una vez que entraran a la tierra
■ prometida. La explicación de Moisés resume
■ el libro de Deuteronomio.

EL VIAJE DESDE EL MONTE SINAI AL CAMPO DE MOAB (DT. 1:6–3:29)

EL primer sermón de Moisés repasó los eventos de los últimos cuarenta años de la historia de Israel. Primero habló de ocasiones de desobediencia y juicio, pero luego recordó a Israel de las veces en que habían sido obedientes y Dios los había bendecido. Esta porción de Deuteronomio constituye la sección del prólogo histórico según el formato del tratado de relación de vasallaje que provee la estructura básica del libro (ver "Introducción, Estructura y Contenido").

El peregrinaje por el desierto (1:6-46)

El Sermón de Moisés comenzó con una advertencia. La desobediencia había llevado a toda una generación israelita, así como con Moisés, a morir fuera de la tierra prometida.

La partida del Sinaí (1:6-8)

La historia de Israel registrada en Deuteronomio comenzó no con el Exodo de Egipto sino con la partida del monte Sinaí, que aquí se le llama Horeb (1:6). Eso es, comenzó con el pacto que Dios estableció con Moisés y el pueblo de Israel ya en su lugar. Cuando los israelitas estaban aún en Horeb, Dios le dijo que ya era tiempo de que entraran a la tierra que él había prometido dar a Abraham, Isaac y Jacob (1:8; comp. Gn. 15:18).

La conquista de Canaán *pudo* haber ocurrido inmediatamente. Israel tuvo la oportunidad de entrar a la tierra de su herencia, pero la incredulidad y la desobediencia hicieron que Dios pospusiera el cumplimiento de su promesa. El público que escuchaba a Moisés, de pie en el campo de Moab y listos para entrar a la tierra prometida nuevamente, lo sabía muy bien.

La tradición judía de los primeros siglos d. de J. C. extendía esta línea de autoridad divina en una cadena inquebrantable desde Moisés al presente. Esto se declara en un antiguo libro judío de instrucción llamado "Dichos de los Padres": "Moisés recibió la Tora en el Sinaí, y la pasó a Josué; Josué lo pasó a los ancianos; los ancianos a los profetas; y los profetas a los hombres de la Gran Sinagoga." El judaísmo mantiene que, en la búsqueda permanente de hacer que las palabras de Dios sean pertinentes, los rabíes modernos hablan con tanta autoridad como lo hizo Moisés.

■ *Desde Horeb Dios dijo a Israel que siguiera*
■ *viajando. Ese viaje, como todos los peregri-*
■ *najes de la vida emprendidos en obediencia a*
■ *Dios, prometía mucho. Dios ofreció cosas*
■ *buenas, pero Israel pronto escogería las difi-*
■ *cultades.*

Nombramiento de líderes para Israel (1:9-18)

Debido a que Moisés no podía sobrellevar personalmente el gran número de "molestias, cargas y pleitos" (1:12) que acompañaban a tan grande multitud, nombró a jueces que operaran bajo su supervisión (1:13; comp. Ex. 18:13-27; Nm. 11:10-17; Dt. 16:18-20). Los jueces escogidos por su sabiduría, entendimiento y experiencia, fueron comisionados para juzgar con justicia y sin hacer distinción de personas "porque el juicio es de Dios" (1:13, 16, 17).

Al recordarle a Israel la distribución de autoridad entre sus ancianos al comienzo de su primer sermón, Moisés trató de dejar claras tres cosas desde el principio:

1. La necesidad de nombrar otros líderes fue una buena idea que se había suscitado porque Dios había cumplido su promesa de hacer de Israel una gran nación (1:11; comp. Gn. 12:2; 22:17).

2. Como una comunidad de pacto, Israel tenía que compartir ciertas responsabilidades. La cooperación del pueblo para el bienestar común era necesaria para que todos se beneficiaran.

3. A pesar del nombramiento de dirigentes efectivos, el pueblo de Israel siguió rebelándose contra Dios (comp. 1:19-46). El

Los profetas bíblicos posteriores apelaban a menudo a la figura ideal de un juez justo cuando censuraban los males sociales de su día. En palabras que recordaban el espíritu de Deuteronomio, Isaías clamó: "Aprended a hacer el bien; buscad el juicio, restituid al agraviado, haced justicia al huérfano, amar a la viuda" (Is. 1:17). Sin embargo, la justicia se corrompía con demasiada frecuencia en los tribunales que fueron constituidos para conservarla (Pr. 22:22, 23; Is. 59:4; Am. 2:7; 5:15).

problema radicaba no en el sistema de liderazgo, sino en cada corazón individual.

■ *A través de Moisés, Dios nombró líderes ca-*
■ *pacitados para su pueblo. Con un liderazgo*
■ *eficaz y un pueblo devoto, Israel tenía un fu-*
■ *turo brillante.*

Los espías y la incredulidad de Israel (1:19-46)

Once días después de haber salido de Horeb, Israel llegó a Cades-barnea, un gran oasis en el noroeste de la península de Sinaí (1:19; comp. 1:2). De allí Moisés envió espías a Canaán, la tierra de los amorreos, para que reconocieran la tierra para la anticipada ocupación por Israel (1:20-25; comp. Nm. 13:1-33). Los espías regresaron trayendo un buen informe, pero el pueblo no creyó que podían conquistar la tierra y se rebelaron contra Moisés y Dios (1:26-33). Como resultado, Dios condenó a Israel a peregrinar por "aquel grande y terrible desierto" (1:19) hasta que todos los adultos —con la excepción de Josué y Caleb, quienes habían creído— murieran (1:34-40). Israel rehusó aceptar su castigo y trataron de invadir Canaán, pero fueron derrotados en la batalla (1:41-46; comp. Nm. 14:39-45).

El relato de Moisés en Deuteromio 1 en cuanto a la rebelión de Israel en Cades-barnea, añadió un énfasis que no se encuentra en la historia que primero fue relatada en Números 13, 14. En Deuteronomio, Moisés tuvo cuidado de enfatizar la bondad de Dios en proveer para Israel (1:21, 25, 30-33), comparando el cuidado de Dios al de un padre para su hijo (1:31). Serían los hijos e hijas de los israelitas incrédulos, "vuestros hijos

"Amorreo"

En los primeros capítulos de Deuteronomio, los habitantes de Canaán eran conocidos como amorreos y no cananeos. *Amorreo* se deriva de una palabra que aparece en documentos antiguos del Cercano Oriente que significa "el occidente", refiriéndose a la región occidental de Mesopotamia. En la Biblia el término *amorreo* a menudo se refiere a todos los habitantes de Canaán (como en Dt. 1–4), pero otras veces se refiere sólo a los que vivían en la región montañosa (ver Nm. 13:29).

Moisés escogió a propósito la frase "hijos que no saben hoy lo bueno ni lo malo" (1:39) para describir a los que entrarían a la tierra prometida. Esta frase no indicó que los hijos eran menores de edad; era una referencia a la descripción de Moisés del árbol de la ciencia del bien y del mal en el huerto del Edén (Gn. 2:17; 3:5). Este árbol fue puesto fuera del alcance de Adán y Eva para enseñarles que sólo Dios tiene la habilidad y el derecho de saber lo que es bueno y lo que no es bueno para el pueblo. Al rehusar continuamente someterse al "derecho de saber" de Dios, los israelitas adultos en Cades-barnea, como Adán y Eva, fueron desterrados de su tierra especial.

que no saben hoy lo bueno ni lo malo" (1:39), que tendrían la siguiente oportunidad de entrar a la tierra prometida. Estos hijos eran ahora adultos endurecidos por el desierto, listos y deseosos de triunfar donde sus padres habían fracasado.

■ *Moisés actualizó la historia de cuarenta años*
■ *de incredulidad de Israel dando énfasis al pa-*
■ *pel que lo hijos —ahora adultos responsa-*
■ *bles— tenían en el plan de Dios para heredar*
■ *la tierra.*

LA CONQUISTA Y POBLACION DE TRANSJORDANIA (2:1–3:39)

Después de peregrinar por el desierto casi cuarenta años (2:14), Dios ofreció a Israel una nueva oportunidad de entrar a la tierra de Canaán. Esta vez la promesa hecha a Abraham cuatro siglos antes (comp. Gn. 12:1-3; 15:13) estaba por cumplirse.

La entrada por Seir y Moab (2:1-23)

Moisés omitió el período de peregrinaje en el desierto que duró toda una generación (2:1; comp. Nm. 16-20) para enfatizar el progreso a través del sur de Transjordania al campo de Moab.

Dios pidió a Moisés que guiara a Israel a través de Seir (o Edom; 2:4-8) y Moab (2:9-15).

Israel entonces se acercó a la frontera de Amón (2:16-23), pero recibieron instrucciones de no luchar contra ellos tampoco, porque también eran descendientes de Lot y, por tanto, Dios les había dado su tierra (2:19; comp. Gn. 19:36-38).

Era importante que los israelitas del fururo supieran por qué las tierras de Seir (Edom), Moab y Amón nunca fueron conquistadas o no habían sido tomadas como herencia por las doce tribus de Israel. Estos pueblos siguieron siendo los enemigos al este de los israelitas durante el tiempo del Antiguo Testamento (ver Jue. 3:12-14; 7:22–8:17; 11:4-33; 1 S. 14:47; 2 S. 8:2-12; 2 R. 3:4, 5; 2 Cr. 20:1-37).

Seir y Moab eran dos territorios al sureste y este del mar Muerto situados en la trayectoria final de los israelitas hacia Canaán. Israel no debía pelear con los habitantes de ninguna de esas tierras (2:5, 9) porque Dios había dado Seir a los descendientes de Esaú (2:5; comp. Gn. 32:3; 36:6-9) y Moab a los descendientes de Lot (2:9; comp. Gn. 19:36-38).

Moisés hizo una nota cronológica especial en conexión con el cruce de los israelitas a Moab. El viaje de Cades-barnea al valle del río Zered, la frontera al sur de Moab, tomó 38 años (2:14). Durante este tiempo murió "toda la generación de los hombres de guerra" que no habían creído el informe de los espías. Al incluir esta nota, Moisés confirmó que los juicios dictados por Dios son seguros (comp. Nm. 14:20-23), e insinuó que cuando se conquistara Canaán sería por el poder de Dios, no por el poderío militar.

■ Al no permitir que Israel conquistara los te-
■ rritorios de Seir, Moab o Amón, Dios fue fiel
■ a las promesas que había hecho siglos antes
■ durante la era de los patriarcas. Aunque es-
■ tos países estaban fuera de su línea escogida,
■ los propósitos de Dios para la historia in-
■ cluían su bienestar.

Victorias sobre Sehón, rey de Hesbón, y Og, rey de Basán (2:24–3:11)

El rey amorreo Sehón había establecido un reino en Hesbón, una ciudad en el llano entre Moab y Amón, justo al este de la meta decidida por Israel (Nm. 21:26). Dios dijo a Moisés que comenzara a conquistar la tierra prometida a Israel tomando el reino de Sehón (2:24, 25). Se-

Mucha de esta región es parte de los Altos del Golán

La derrota de Sehón y Og tuvo un impacto profundo en la conciencia del antiguo Israel. Cantos de alabanza a los hechos poderosos de Dios mencionaron en particular la victoria de Israel sobre los dos reyes (Sal. 135:10-12; 136:17-22). Cuando Esdras bendijo a los judíos después de que reconstruyeron los muros de Jerusalén, tras haber regresado del exilio babilónico, específicamente mencionó la derrota de Sehón y Og como evidencia de que la tierra pertenecía a Israel (Neh. 9:22).

hón provocó la guerra cuando, con corazón endurecido, rehusó permitir a Israel pasar por su territorio (2:26-30). Israel venció a Sehón con el poder de Dios y capturó toda su tierra, desde el río Arnón que desemboca en el mar Muerto hasta el río Jaboc, 80 kilómetros al norte (2:31-37).

En seguida Moisés derrotó a Og, el rey de Basán, quien controlaba la región elevada y fértil que estaba al este del mar de Galilea, y que se extendía desde el río Jaboc hacia el norte al monte Hermón (3:1-10).

Basán era un reino de ciudades fortificadas (3:5) y su rey un hombre de gran renombre, cuya cama de hierro llegó a ser una "pieza de museo" aun en la antigüedad (3:11). Sin embargo él, como Sehón, fue derrotado por el poder de Dios (3:2, 3).

La descripción de la derrota de Sehón y Og es gráfica y, para las sensibilidades modernas, muy escandalosa (2:33-35; 3:3-7). Según Moisés: "Tomamos entonces todas sus ciudades, y destruimos todas las ciudades, hombres, mujeres y niños; no dejamos ninguno" (2:34). Todo esto fue hecho bajo la dirección de Dios (2:31; 3:2; comp. Gn. 15:16). ¿Por qué ordenaría Dios tal acto cuando simplemente derrotar a los adiestrados ejércitos de Sehón y Og hubiera dado la tierra a Moisés?

Estas batallas, y varias otras que Israel pelearía una vez que se establecieran en Canaán (ver Jos. 6:15-21; 1 S. 15:1-33; comp. Dt. 7:1-5), son llamadas *guerras santas*. Una guerra santa era una batalla ordenada por Dios para destruir completamente a un pueblo que ya estaba viviendo en la tierra prometida y que pertenecían a otro dios. Tal pueblo tenía el propósito de socavar los propósitos de Dios para Israel. Una guerra santa básicamente era un acto religioso que tenía que seguir ciertas pautas. La práctica de la guerra santa se limitó a un corto período de la historia de Israel y de ningún modo sirve como paradigma para el comportamiento cristiano en la actualidad, sólo sirve para subrayar la santidad exclusiva que Dios demanda, y reconocer que en última instancia él es victorioso sobre el pecado.

■ *La derrota de Sehón y Og abrió el camino*
■ *para que Israel comenzara a establecerse en*
■ *la tierra prometida. En última instancia, su*
■ *victoria podía ser explicada sólo por la so-*
■ *beranía que Dios tiene sobre su creación.*

La heredad tribal en Transjordania (3:12-22)

Después de derrotar los reinos de Sehón y Og, Dios dio instrucciones a Moisés para que repartiera esas tierras entre las dos tribus y media israelitas (3:12-17; comp. Nm. 32:1-42). Las tribus de Rubén y Gad recibieron el territorio que había pertenecido a Sehón. Estas tierras eran excelentes para la ganadería, que constituía la base económica de estas tribus (Nm. 32:1-5). Jair y Maquir, dos clanes de la tribu de Manasés (por eso su designación "media tribu de Manasés" en 3:13; comp. 1 Cr. 2:21-23), recibieron el territorio que pertenecía a Og.

Después de repartir el territorio, Moisés se aseguró de que Rubén, Gad y la media tribu de Manasés supieran que tenían la responsabilidad ayudar a otras tribus israelitas a conquistar el territorio al oeste del río Jordán (3:18-20; comp. Jos. 22:1-9). Moisés reaseguró a Josué que Dios

"Destruir"

La traducción del término hebreo "destruir" literalmente significa "prohibir" o "dedicar" a Dios gente u objetos que eran totalmente hostiles a él. El concepto de la prohibición se relaciona con la idea de santidad o separación total de las cosas que son malas. Cuando se colocaba una ciudad y sus habitantes "bajo prohibición", quedaban como propiedad de Dios para hacer con ellos como le pareciera.

Sin fe en Jesús, la persona ya está condenada (Jn. 3:18) y permanece bajo la ira de Dios (Jn 3:36). Al participar en la guerra santa Israel actuó como un agente de Dios de la ira divina (Gn. 15:16). Moisés aclaró que Israel tampoco estaba exenta del juicio divino (Dt. 27–28); si no creían también serían expulsados de la tierra (4:26).

lucharía por él una vez que Israel cruzara hacia Canaán (3:21, 22).

Al final, dijo Moisés, Dios daría "reposo" a todo Israel (3:20; comp. 12:10). Este "descanso", la meta del viaje de Israel a la tierra prometida, recordaría el "descanso" que Dios experimentó después de crear esa, y todas, las tierras (Gn. 2:1-3), y que caracterizó la vida en el huerto del Edén.

Moisés encargó a Josué que no temiera, sino que fuera fuerte y tuviera ánimo cuando dirigiera a Israel en contra de los cananeos (3:22, 28; 31:7, 8). Dios usó esas mismas palabras cuando Dios alentó a Josué después de la muerte de Moisés (31:23; Jos. 1:5-9).

■ *Con la conquista de las tierras en Transjor-*
■ *dania y su repartición a varias tribus de Is-*
■ *rael, la promesa de darles tierra que Dios*
■ *había hecho a Abraham cuatro siglos antes*
■ *(Gn. 12:2; 15:16-21) se comenzó a cumplir.*

Se le niega a Moisés la entrada a la tierra prometida (3:23-29)

Moisés, quien había vivido muchos años (comp. 31:2; 34:7) y había sido testigo de muchos actos poderosos de Dios, quedó intimidado por las grandes cosas que Israel tenía por delante: "Señor Jehová, tú has comenzado a mostrar a tu siervo tu grandeza, y tu mano poderosa" (3:24). Moisés rogó a Dios que por lo menos le permitiera ver la tierra prometida, pero Dios rehusó (3:25, 26). Moisés sólo pudo verla desde lejos. Dios encargó a Josué que guiara a Israel a Canaán (3:27, 28; comp. 34:1-4).

Moisés no especificó la razón por la cual Dios no le permitió entrar a Canaán, sólo dijo: "Jehová se había enojado contra mí a causa de vosotros" (3:26; comp. 1:37; 4:21). Más adelante en el libro, Moisés informó que Dios le había dicho que había pecado contra él porque no lo había santificado en medio de los hijos de Israel (32:51). Moisés había hecho esto apropiándose del poder de Dios cuando se enfrentó a un Israel rebelde en el desierto de Zin (Nm. 20:2-13; 27:12-14). Al final, Moisés también perdería el derecho a la tierra prometida.

- **Moisés, no estaba exento por su alto puesto**
- **de liderazgo, sino que tuvo que enfrentar las**
- **consecuencias de sus acciones, así como lo**
- **tienen que hacer todos. Aun así Dios fue**
- **misericordioso y por lo menos permitió a**
- **Moisés ver la tierra que tanto anheló.**

LLAMAMIENTO DE MOISES A LA OBEDIENCIA (DT. 4:1-40)

Moisés hizo un llamado ferviente a obedecer a Dios después de recitar los eventos principales que guiaron a Israel al momento de entrar a la tierra prometida. Este llamado se basó en acciones pasadas, en las decisiones que Israel enfrentaría en el futuro y en el carácter de Dios.

Un llamado a la obediencia basado en el pasado (4:1-24)

Moisés pidió a Israel que prestara atención y obedeciera a Dios para que viviera y entrara a la tierra prometida (4:1). En primer lugar, Moisés ilustró la necesidad de obedecer presentando advertencias del pasado. Cuidadosamente entremezcló su llamado a la obediencia con ejemplos declarados (o implícitos) de la pasada incredulidad de Israel: La idolatría sexual a Baal-peor (4:3; comp. 23:17, 18; Nm. 25:1-4; Sal. 106:28-31); el incidente del becerro de oro en el monte Sinaí (4:15-17; comp. Ex. 32:1-35), y la rebelión en el desierto de Zin, donde aun él tropezó (4:21; comp. Nm. 20:2-13).

Moisés dio una segunda razón por la cual deberían obedecer los estatutos de Dios: al hacerlo mostrarían su "sabiduría e inteligencia ante los ojos de los pueblos" (4:6). La sabiduría de Israel, su habilidad para vivir, vino por revelación di-

Los escritores bíblicos a menudo relacionaban sabiduría (4:6) y temor a Dios (4:10). La declaración más clara: "El principio de la sabiduría es el temor a Jehová" aparece varias veces en el Antiguo Testamento (Job 28:28; Sal. 111:10; Pr. 1:7; 9:10). Ser sabio era conformarse a la voluntad de Dios.

Moisés estableció el principio de la conducta responsable ante promesas condicionales. Se espera que el pueblo de Dios sea fiel al Señor, pero en su soberanía Dios no está obligado a bendecir a los que desobedecen. Pablo entendió esto y escribió: "Yo pues, preso en el Señor, os ruego que andéis como es digno de la vocación con que fuisteis llamados" (Ef. 4:1; comp. Col. 1:10), y, en el espíritu de Deuteronomio: "Comprobando lo que es agradable al Señor" (Ef. 5:10).

vina, no por razonamiento humano. Al recordar la maravillosa aparición de Dios en el monte Sinaí, Israel aprendería cómo temerle (4:10, 11, 24). Al obedecer las instrucciones (Tora) que Dios reveló en el monte Sinaí, Israel aprendería cómo vivir (4:12-14). Las naciones a su alrededor verían a Israel y responderían favorablemente (4:7, 8), ya que Dios había prometido, hacía mucho tiempo, que serían bendecidos por los descendientes de Abraham (Gn. 12:3).

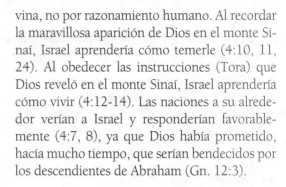

- *Moisés hizo un llamado a Israel a vivir en obe-*
- *diencia a Dios para que pudieran vivir en la*
- *tierra prometida y alcanzaran a otras naciones*
- *para Dios. Esta fue la esencia de la promesa*
- *que Dios había hecho a Abraham (Gn. 12:1-3).*

Un llamado a obedecer basado en el futuro (4:25-31)

Habiendo repasado el pasado, Moisés ahora miraba hacia el futuro. La generación pasada no había creído a Dios. ¿Se portarían mejor las generaciones futuras, "los hijos y nietos" (4:25) de los oyentes de Moisés? Moisés advirtió que si Israel optaba por no creer u obedecer, serían expulsados de la tierra prometida y vivirían entre las naciones idólatras (4:26-28).

La frase de Moisés "si os corrompiereis" (4:25) muy bien podría haber sido "Cuando te corrompas". En Génesis, Moisés había escrito de cómo Adán y Eva (Gn. 3:24) y Caín (Gn. 4:16) fueron expulsados del huerto del Edén; ahora él anticipaba la futura expulsión de Israel a Asiria (2 R. 17:1-20) y de Judá a Babilonia (2 Cr. 36:11-21).

Pero Dios es misericordioso. Si Israel sinceramente regresaba a él, los perdonaría y restauraría (4:29-31). El patrón de la rebelión —retribución, arrepentimiento, restauración— llegó a ser común durante el período que se registró en el libro de Jueces. El llamamiento más claro, sin embargo, fue hecho por el autor de Crónicas: "Si se humillare mi pueblo, sobre el cual mi nombre es invocado, y oraren, y buscaren mi rostro, y se convirtieren de sus malos caminos; entonces yo oiré desde los cielos, y perdonaré sus pecados, y sanaré su tierra" (2 Cr. 7:14).

■ *Moisés tenía grandes esperanzas para el futuro*
■ *de Israel, pero sabía que las bendiciones de*
■ *Dios eran condicionales, basadas en la obe-*
■ *diencia y fe de Israel. Sin embargo, Dios era*
■ *misericordioso y no olvidaría su pacto.*

Un llamado a obedecer en base a la singularidad de Dios (4:32-40)

Moisés terminó su primer sermón pidiendo a Israel que obedeciera por la sencilla razón de quién es Dios. A través de una serie de preguntas retóricas Moisés guió a Israel a reconocer que Dios es total y absolutamente singular (4:32-34). Ningún otro dios habla de forma audible sin tener forma humana (4:33, 36; comp. Ex. 19:18; 20:1). Ningún otro dios redimió de la esclavitud a un pueblo miserable y lo forjó en una gran y temida nación (4:34, 37, 38). Ningún otro dios se preocupa lo suficientemente por su pueblo como para disciplinarlo y amarlo (4:36, 37). De hecho, no existe ningún otro dios (4:35, 39). Sólo por estas razones Israel debía responder en obediencia (4:40).

"¡Hazlo!... ¡Porque yo te lo mando!" Esta forma de relacionarse un padre con sus hijos no es muy eficaz, y tampoco la usa Dios con sus hijos. En su lugar, el enfoque de Dios es racional: "Te amo, te crié, he hecho grandes cosas por ti y me preocupo por ti todos los días, por lo tanto, sé qué es lo mejor para ti."

- El llamado a la obediencia está basado en última instancia en el poder soberano de Dios,
- y su amor y preocupación por su pueblo. El
- pasado y el futuro pueden ser intocables,
- pero la posibilidad de una relación con Dios
- está en el presente.

Las ciudades de refugio en Transjordania (Dt. 4:41-43)

Las ciudades de refugio eran lugares a donde una persona que cometía homicidio podía huir y esperar hasta que su caso pudiera ser juzgado con imparcialidad (Nm. 35:12-15; Dt. 19:4-21; Jos. 20:3-6). Esta importante provisión, cimentada en la santidad del individuo, apuntaba a reducir la venganza sangrienta. El uso de estas ciudades como lugares de refugio no se documenta en las Escrituras.

Moisés designó tres ciudades de refugio en Transjordania como un apéndice a su primer sermón. Esto fue un lugar apropiado para la lista, ya que su primer sermón se enfocó en la conquista y ocupación de Transjordania por Israel (comp. 2:1–3:22). Josué designaría otras tres ciudades de refugio en la tierra de Canaán de acuerdo con las instrucciones de Moisés (Jos. 20:1-9; comp. Dt. 19:1-3), dando, pues, un total de seis (comp. Nm. 35:10-15).

- Al proveer las ciudades de refugio Dios se
- mostró misericordioso y justo. Al inculcar
- estas mismas cualidades en su pueblo Dios
- buscó establecer una sociedad recta.

PREGUNTAS PARA GUIAR SU ESTUDIO

1. ¿Por qué fue importante para Moisés recordar el pasado? ¿Qué enseñó el pasado a Israel acerca de Dios? ¿Acerca de sí mismos? ¿Acerca de sus hijos?

2. ¿Fueron las bendiciones del pacto que Dios prometió a Moisés automáticas? ¿En qué se basaban ?

3. ¿Qué dijo Moisés acerca de sí mismo en su primer sermón? ¿Acerca del liderazgo

en general? ¿Acerca de seguir el liderazgo
de otros? ¿De Dios?

SEGUNDO SERMON DE MOISES

PREPARANDOSE PARA EL PRESENTE
(DT. 4:44–26:19)

El segundo sermón de Moisés es el más largo en
el libro de Deuteronomio. La intención era preparar a Israel para la vida en la tierra prometida,
lo que pronto sería una realidad. Esto lo hizo
Moisés explicando cómo los Diez Mandamientos que Dios había dado en el monte Sinaí serían
pertinentes para la nueva vida de los recién lle-
gada a Canaán. Moisés primero repitió los Diez
Mandamientos (5:1-21), luego proveyó las leyes
generales (6:1–11:32) y estipulaciones específicas (12–25:16) que surgieron de ellos.

El contenido de este sermón corresponde a la
sección principal del formato del tratado de relación de vasallaje en el cual está basado el libro
de Deuteronomio (ver la "Introducción, Estructura y Contenido"). Esta sección de los tratados
de vasallaje estipula cuidadosamente los principios y las pautas que definían la relación entre
las partes del pacto: Dios e Israel en este caso. La
parte superior, Dios, esperaba que la parte infe-
rior, Israel, obedeciera. A cambio, Dios cuidaría
de Israel.

EL CORAZON DEL PACTO
(DT. 4:44–5:33)

Los Diez Mandamientos forman el corazón del
pacto de Dios. En forma condensada contienen
todo lo que Dios demanda de su pueblo.

Además, proveen una ventana al carácter de Dios. Al incorporar los Diez Mandamientos al Sermón del monte (Mt. 5:21-48), Jesús apoyó su validez para los cristianos.

El marco del pacto (4:44-49)

Moisés introdujo el pacto resumiendo su contenido, su origen y el lugar donde fue entregado a Israel.

Moisés describió el contenido del convenio como "leyes", literalmente "Tora" o "instrucción" (4:44; ver "Introducción, Propósito"). Específicamente, esta instrucción contenía estatutos, decretos y testimonios (4:45), cosas ordenadas por Dios. Como soberano divino, Dios tiene el derecho de pedir obediencia. Su pueblo, por otro lado, aprende cómo vivir escuchándolo y haciendo lo que él ordena.

La instrucción fue dada por Moisés (4:45), quien la había recibido directamente de Dios (5:2-5). Fue dada a Israel en el campo de Moab, que aquí es llamado "el valle de Bet-peor" (4:46; comp. 34:1), al otro lado del río Jordán en Jericó, después de que Israel había conquistado las tierras en Transjordania que pertenecían a Sehón y Og.

Los Diez Mandamientos fueron dados a una comunidad redimida, personas que ya tenían una relación correcta con Dios (5:6). Nunca fue la intención de que fueran un medio de salvación o un medio de encontrar aceptación ante los ojos de Dios. Más bien, los mandamientos serían la expresión de fe de Israel en Dios.

■ *Moisés preparó a Israel para la vida en la*
■ *tierra prometida dándole una explicación de*
■ *los Diez Mandamientos.*

Los Diez Mandamientos (5:1-21)

Moisés hizo una aplicación directa: El pacto que Dios hizo en el monte Sinaí fue para el presente "[para] nosotros todos los que estamos aquí hoy vivos" (5:3). Su actualidad es evidente.

La forma de los Diez Mandamientos, como fueron enseñados por Moisés en Deuteronomio, es prácticamente idéntica a la de Exodo 20, con la excepción de que la razón dada para guardar el sábado en Deuteronomio es recordar la redención de Israel de Egipto y no los siete días de la creación (5:15; comp. Ex. 20:11).

Los mandamientos pueden ser divididos en dos secciones. Los primeros cuatro hablan de la relación de Israel con Dios. El tema predominante es la dignidad de Dios y su adoración exclusiva. Los últimos seis tienen que ver con las relaciones interpersonales. Establecen el principio de que todas las personas son de valor inestimable y como tales, tienen derechos que deben ser protegidos.

En el resto del sermón Moisés explicó lo que cada uno de los Diez Mandamientos significaban para Israel. Debido a que los dos primeros mandamientos formaron la base para el resto, recibieron un tratamiento extenso en los capítulos 6 al 12 de Deuteronomio. Los asuntos relacionados con el resto de los mandamientos siguieron, en orden, en los capítulos 13 al 25.

■ *Los Diez Mandamientos, las mismas palabras*
■ *de Dios, proveen los principios necesarios por*
■ *medio de los cuales el pueblo de Dios puede*
■ *vivir agradándole. Así como Moisés hizo per-*
■ *tinentes los mandamientos para el antiguo*
■ *pueblo de Israel, así los hizo Jesús para la co-*
■ *munidad del Nuevo Testamento.*

Moisés, el mediador del pacto (5:22, 23)

Cuando los israelitas escucharon la voz de Dios en el Sinaí, un monte que estaba envuelto en

"Los diez mandamientos" es una traducción de la frase hebrea *las diez palabras* (4:13; 10:4; comp. Ex. 34:28). La palabra *decálogo* se deriva de una frase griega que significa lo mismo. El título *Diez Palabras* revela que los mandamientos son algo mucho más íntimo y convincente que una simple orden divina. Como palabras de Dios, surgen de la esencia de su ser. La creación también se originó con las palabras de Dios (Gn. 1:3). A través de la historia bíblica Dios continuó hablando, hasta que finalmente habló a través de su propio Hijo, el Verbo (Jn. 1:1-3; He. 1:1, 2). La conexión entre la creación, Jesús y los Diez Mandamientos, las palabras de instrucción de Dios para la vida, no puede ser quebrantada (Mt. 5:17).

La descripción del monte Sinaí envuelto en fuego y en densa oscuridad es algo paradójico. Muchos entienden que esto fue una teofanía (una aparición de Dios) en la forma de una erupción volcánica o tormenta violenta. Aunque sí es posible, la combinación del fuego (destruyendo la luz) y la densa oscuridad tienen una importante referencia teológica. El fuego indica el poder todo consumidor y la autorevelación de Dios (Sal. 97:3, 4). Aunque la oscuridad es frecuentemente asociada en la Biblia con conflictos, castigo y muerte (ver Sal. 107:10; Mt. 8:12), la oscuridad densa sugiere el misterio inexplicable de Dios (1 R. 8:12; Sal. 97:2).

fuego y en densa oscuridad, se llenaron de temor (5:22-26; comp. Ex. 20:18-20). Rogaron a Moisés que fuera él quien se acercara al monte, pues ellos temían ser consumidos por el fuego de Dios. Luego acordaron, en su desesperación, escuchar y obedecer todo lo que Dios les había ordenado hacer (5:25-27). La respuesta de Dios fue emotiva: "¡Quién diera que tuviesen tal corazón, que me temiesen y guardasen todos los días todos mis mandamientos, para que a ellos y a sus hijos les fuese bien para siempre!" (5:29). El tipo de temor (terror) que los israelitas experimentaron no fue el tipo de temor (reverencia) que Dios esperaba de ellos.

Moisés luego recibió de Dios los decretos, estatutos y testimonios por medio de los cuales debía enseñar a Israel cómo vivir después de llegar a la tierra prometida (5:31). Estas leyes forman el grueso del libro de Deuteronomio.

Los israelitas reconocían que existía un gran abismo entre ellos y Dios. Había una gran necesidad de un intermediario para cerrar la brecha. El intermediario fue Moisés, quien actuó voluntariamente como mediador del pacto de Dios con Israel (5:28-31). Esto fue un simbolismo de Jesús, quien actuó como mediador del nuevo pacto entre Dios y los que creen (1 Ti. 2:5; He. 9:15; 12:24).

■ *Moisés recibió la leyes de Dios y las entregó a*
■ *Israel. La respuesta apropiada de Israel fue*
■ *caminar con Dios, y su recompensa sería una*
■ *vida larga y bendecida en la tierra prometida.*

BASES DEL PACTO (DT. 6:1–11:32)

Los capítulos 6-11 de Deuteronomio proveen, en un estilo homilético amplio, las normas para la vida en las que las estipulaciones del pacto, que se encuentran en los capítulos 12-25, están basadas. Estas normas se derivan directamente de los dos primeros mandamientos: "No tendrás dioses ajenos delante de mí" (5:7) y "No harás para ti escultura... No te inclinarás a ellas ni las servirás" (5:8, 9). Como era el hábito de Moisés en Deuteronomio, ilustra estas bases por medio de seleccionar los eventos tomados del pasado de Israel.

Sin un concepto apropiado de Dios, todo lo demás sale mal. Los primeros dos mandamientos establecen quién es Dios y por qué él demanda la devoción exclusiva de su pueblo.

Primer principio: El pueblo debe amar Dios y guardar sus mandamientos (6:1-25).

Moisés comenzó sus exhortaciones sobre los principios básicos de la ley con el *Shema*: "Oye, Israel: Jehová nuestro Dios, Jehová uno es" (6:4). El *Shema*, que es recitado dos veces al día por los judíos piadosos, comprende la esencia del antiguo pueblo de Israel y la religión judía. Esta confesión proclamó la unidad y singularidad del Señor Dios. Al usar el pronombre plural "nuestro", también se afirma que el Señor es Dios de una comunidad de creyentes.

Debido a que el Jehová Dios es totalmente único, él demanda una alianza total y exclusiva de su pueblo. Moisés expresó esto con el mandato de "amarás a Jehová tu Dios de todo tu corazón, y de toda tu alma, y con todas tus fuerzas" (6:5). En más de una ocasión Jesús citó este mandato cuando le preguntaron cuál era el corazón de la ley, y las personas con quienes estaba hablando

Shema

Shema es la orden hebrea "oye", la primera palabra de Dt. 6:4. La orden de "oír" o "prestar atención" típicamente introducía discursos formales de gran trascendencia (comp. 32:1; Jue. 5:3; Is. 1:2). Para Moisés, escuchar y hacer eran acciones inseparables (5:1, 31; 6:5, 6). Escuchar y no obedecer era no escuchar en absoluto, y no obedecer era no recibir la bendición de Dios. Jesús estuvo de acuerdo (Lc. 11:28).

Fuerzas

La palabra hebrea que se traduce por *fuerzas* en Dt. 6:5 es en realidad un adverbio que significa "mucho" o "muy". Moisés usó un adverbio en lugar de un tercer sustantivo después de "corazón" y "alma" porque cualquier otro sustantivo era inadecuado para expresar lo "mucho" o "muy" con que Dios pidió a su pueblo que lo amara.

Una interpretación literal de los versículos 8 y 9 ha guiado a muchos a colocar copias de Dt. 6:4-9 en sus frentes, manos, postes de las casas. La intención de Moisés, sin embargo, era que Israel conociera la ley de Dios tan bien que llegara a "impactar en la mente" y estuviera "siempre a mano".

obviamente estuvieron de acuerdo (Mt. 22: 34-40; Mr. 12:28-34; Lc. 10:25-28).

Los mandatos de oír (6:4) y hacer (6:5) fueron seguidos por un mandato de enseñar (6:7-9). Su pueblo dejaría de existir si no compartía fielmente la revelación de Dios con su generación (2 Ti. 2:2). La repetición "estando en tu casa... andando por el camino... al acostarte... cuando te levantes" reconoce que toda la vida se vive como un claro testimonio a nuestros hijos (Sal. 1:1, 2).

Dios estaba dando a Israel una tierra en la que ya vivía otra gente; como Creador soberano, éste era su derecho (32:8, 9). Uno de los beneficios de recibir la tierra de Canaán era que ya estaba lista para habitar: ciudades, casas, cisternas y viñas ya estaban en su lugar (6:10, 11). Dos veces en estos versículos Moisés usó la palabra *buena* para describir esta tierra especialmente preparada, una referencia a lo bueno de la creación (Gn. 1:4, 13) y el huerto especialmente preparado en que Adán y Eva también habían caminado con Dios.

Moisés sabía que la desventaja de Canaán era que los dioses falsos de los cananeos harían caer a Israel. Creer en la singularidad del Señor Dios significaba que Israel no debía de ninguna manera reconocer que los dioses de otros pueblos eran dioses verdaderos, ya que hacerlo significaría el fin del pueblo del pacto de Dios (6:12-15).

Moisés enfatizó la necesidad de amar a Dios y obedecer sus mandamientos citando dos eventos históricos. El primero fue la rebelión en Masah en la que Israel, recién salido de Egipto, rehusó creer que Dios podía (¡o lo haría!) suplir sus necesidades en el desierto (6:16-19; comp. Ex. 17:1-7). El segundo fue el éxodo de Egipto

(6:21, 23; comp. Ex. 5:1–15-21). Fue sólo por los hechos poderosos de liberación de Dios que Israel ahora se encontraba a la entrada de la tierra prometida y disfrutaba de una relación especial con Dios. La respuesta apropiada de Israel era comprender (6:20) y obedecer (6:24, 25).

■ *Debido a que el Jehová es el único Dios, su*
■ *pueblo debe responder en completa y exclusi-*
■ *va devoción a él. Los derechos de Dios mol-*
■ *dearon el ministerio de Jesús, y debería ser*
■ *igual para sus seguidores hoy día.*

Segundo principio: El pueblo de Dios no debe asociarse con otros dioses (7:1-26)

Los peligros que los dioses falsos de Canaán tenían para el antiguo pueblo de Israel eran muy reales. Moisés previó que el contacto diario que tendrían con los cananeos alejaría al pueblo de Dios (7:4, 25). Por esta razón se les ordenó que no se casaran con los cananeos (7:3) y destruyeran los objetos de adoración de la religión pagana que encontraran en Canaán (7:5, 25).

Moisés también dijo a Israel que destruyera a las naciones cananeas: "las destruirás del todo; no harás con ellas alianza, ni tendrás de ellas misericordia" (7:2; comp. 7:16, 24). Israel debía tratar a los cananeos de la misma forma que habían hecho con Sehón y Og (comp. 2:33-35; 3:3-7). Moisés dio en el versículo 6 la razón de esta guerra santa en contra de Canaán: "Porque tú eres pueblo santo para Jehová tu Dios." La santidad exclusiva que Dios demandaba, por lo menos en este momento en su historia, era que Israel se separara totalmente de los sistemas religiosos paganos.

Para el antiguo Israel el "no tendrás dioses ajenos delante de mí" (5:7) se refería a los dioses falsos de Canaán. Aunque las esculturas o ídolos raramente tientan a los cristianos de hoy día, existen otras muchas cosas más sutiles que toman su lugar. El dios de una persona es cualquier cosa a la que dedica todo su tiempo, energía y obediencia. Todo lo que sea lo más importante en la vida es un dios, y para muchos cristianos, muchas veces eso no es Dios.

Para muchos en esta época de tolerancia, es difícil comprender el mandato de Dios de destruir a los cananeos. Después de todo, ¿no se debe evitar el fanatismo religioso? ¿No se han peleado bastantes guerras debido a los diferentes puntos de vista de la verdad religiosa? Un lector sensible siente el dolor de los cananeos, quienes eran personas verdaderas con esperanzas y sueños para su propio futuro, y también reconoce la soberanía de Dios en el asunto (comp. Is. 55:8, 9)

Reducir una deidad a madera y piedra (5:8) era limitar su carácter ("mi dios se ve y actúa exactamente como éste") y poder ("puedo escoger mi dios y hacer lo que quiero con él"). Por esta razón, cualquier cosa que hacemos que limita o circunscribe a Dios, que lo hace menos de lo que es, es una violación del segundo mandamiento. A la larga la soberanía de Dios que lo abarca todo, es lo que explica la guerra santa.

La Biblia da varias explicaciones de las guerras santas: Reducir la amenaza de la apostasía (7:4, 25); castigar a los cananeos por su avanzado estado pecaminoso (9:4-6; comp. Gn. 15:13); y proveer un hogar seguro para el pueblo a quien Dios amaba (7:6-8).

Aunque el llamado a una guerra santa es difícil de comprender para muchos cristianos, debe ser aceptado como apropiado, dado el tiempo y las circunstancias de la fundación del antiguo pueblo de Israel. Ni Dios ni los escritores bíblicos se disculparon por la realidad de la guerra santa, y en la Biblia ningún editor posterior hizo el intento de corregir el texto para que fuera "políticamente correcto".

El antiguo pueblo de Israel fue un pueblo singular en un tiempo y lugar singulares en la historia. Su exclusividad fue un canal para recibir la bendición de Dios (7:12-15). Pero con el establecimiento del nuevo pacto bajo Jesús, la bendición de Dios se ha extendido a todos los que creen en él (Gá. 3:28, 29). Ni la guerra santa ni una rígida separación de todo lo mundano son opciones verdaderas para los cristianos en la actualidad. Jesús, después de todo, comió con los publicanos y pecadores (Mr. 2:15-17). Dios sólo demanda que su pueblo sea santo (1 P. 1:15) y no se conforme a los caminos del mundo (Ro. 12:2).

- *Moisés hizo un llamado a Israel para que se*
- *separara totalmente de las prácticas religio-*
- *sas paganas de los cananeos. Al hacerlo, se*
- *eliminaba la tentación peligrosa de reducir*
- *al único Dios verdadero a la forma de*
- *adoración de los cananeos.*

Tercer principio: Dios provee lo que su pueblo necesita (8:1-20)

Vez tras vez Moisés regresó a su tema: Para Israel existía una conexión entre obedecer los mandamientos de Dios y recibir su bendición en términos de la tierra prometida (8:1). Esta vez, para hacer la conexión, Moisés enfatizó la bondad de la provisión de Dios para Israel durante su peregrinaje en el desierto, y la bondad de la tierra que él estaba proveyendo para ellos.

Dios mostró su bondad para con Israel en el desierto disciplinándolos "como castiga el hombre a su hijo" (8:5). Al corregir y guiar a Israel, Dios mostró que se preocupaba lo suficientemente por él como para prepararlo para ser un pueblo maduro (8:16). Lo hizo guiándolos por el desierto, una tierra que carecía de comida adecuada o agua, un lugar donde era improbable que sobrevivieran por sus propios esfuerzos.

Dios permitió que Israel sufriera hambre, sed y privaciones, y luego suplió sus necesidades físicas (8:2-4, 15, 16; comp. Ex. 16:1–17:7). Hizo esto para que Israel no se se viciara en la comodidad que viene con la autosuficiencia, sino que reconocieran que "no sólo de pan vivirá el hombre, mas de todo lo que sale de la boca de Jehová" (8:3).

Era importante que Israel aprendiera, *antes* de que entrara a la tierra prometida, que las posesiones materiales y riquezas vienen de Dios. La razón de hacerlo tenía que ver con el hecho de que en la tierra a la que Israel entraría no comerían "el pan con escasez" (8:9), una tierra con bastante agua y recursos minerales para el sostén (8:7-9). Como resultado, dijo Moisés, Israel comería y se saciaría y bendeciría a Jehová Dios por la buena tierra que les había dado (8:10).

"La prosperidad no es intrínsecamente mala, pero es intrínsecamente peligrosa... el tesoro más grande de Israel no era el oro o la plata, sino el recuerdo de un tiempo de pobreza que manifestó el amor de Dios y la dependencia humana."
Thomas W. Mann

La metáfora de Dios como un fuego consumidor enfatiza su poder todo consumidor y su absoluta intolerancia del pecado. Los escritores bíblicos usaban a menudo el fuego para hablar de la ira de Dios en juicio contra los malvados (ver Sal. 21:9; 89:46; 97:3; Is. 30:30; Jer. 4:4; Lm. 2:4; Ez. 21:31; Sof. 3:8; He. 12:29). En particular, el Día del Señor escatológico (fin de los tiempos) estaría acompañado de un fuego enviado por Dios para destruir toda maldad (Dn. 7:9-11; 2 Ts. 1:7, 8; 2 P. 3:7, 11; Ap. 20:10, 14, 15).

O así debían hacerlo. De hecho, Moisés advirtió que una vez que estuvieran en la tierra prometida, Israel sería tentado a olvidar las lecciones del desierto y darse crédito a sí mismo por la buena vida (8:11-17). Después de todo, ¿quién necesita confiar en Dios cuando las cosas andan bien? Moisés repitió la advertencia muchísimas veces en Deuteronomio. Si Israel olvidaba la fuente de sus bendiciones materiales perecerían, como los cananeos (8:19, 20).

- El peregrinaje de Israel por el desierto sirvió
- para que Dios los guiara a un lugar donde
- tendrían que confiar en él para sobrevivir.
- Una vez que reconoció su necesidad diaria de
- Dios, pudo recibir de él bendiciones más
- grandes de provisión.

Cuarto principio: Dios es fiel a pesar de que su pueblo no lo merecía (9:1–10:11)

Otro tema que Moisés repitió con frecuencia en sus sermones de Deuteronomio fue el hecho inherente de que Israel no era merecedor de las bendiciones de Dios. Era la más pequeña y débil que las naciones de Canaán (9:1, 2; comp. 7:7; 17). Desde el punto de vista estrictamente humano, los espías habían tenido razón cuando en su evaluación dijeron que era muy improbable que los israelitas vencieran a los cananeos (comp. 1:26-28); las posibilidades eran nulas. Pero debido a que Israel participó en el pacto con Dios, sólo tenían que creer y obedecer, y Dios haría lo demás.

Israel era pequeña y débil, pero Dios era fiel. Moisés había tenido cuidado de recordar a Israel vez tras vez que cada aspecto de su existencia, desde la liberación de Egipto hasta el recibir el alimento diario en el desierto, era el resultado directo de la intervención de Dios a su favor. Debido a esto, podían estar seguros de que Dios podía ir delante de Israel como un "fuego consumidor" (9:3; comp. 4:24) para preparar su camino a Canaán.

Pero la razón principal por la cual Israel no era merecedor de las bendiciones de Dios no se debía a su tamaño; sino a su terquedad (9:4, 6). Aunque Moisés ya había señalado la falta de fe que Israel tuvo en Dios en diversas circunstancias (ver 1:26-32; 4:21; 6:16-19), ahora asumió la tarea con vigor. Moisés resumió toda la experiencia del desierto en el versículo 7: "Acuérdate... desde el día que saliste de la tierra de Egipto, hasta que entrasteis en este lugar, habéis sido rebeldes a Jehová."

Entonces Moisés dio varios ejemplos de la rebeldía de Israel. Principal entre estos fue la rebelión en Horeb (monte Sinaí). Antes de que él terminara de recibir los términos del pacto de Dios, Israel había desobedecido la norma más importante al fabricar y adorar un becerro de fundición (9:6-21; comp. 5:8-10). Moisés respondió arrojando las tablas del pacto y quebrándolas (9:17), porque una vez que el pacto había sido violado por una de las partes, técnicamente ya no tenía vigencia. Dios tenía todo el derecho de destruir a Israel y comenzar con un pueblo nuevo (9:13, 14), pero Moisés intervino en defensa de Israel (9:18-20). Dios permaneció fiel al pacto a pesar de que Israel no lo merecía.

Moisés recordó a Israel otros casos de rebelión simplemente mencionando nombres de lugares: Tabera (9:22; comp. Nm. 11:1-3), Masah (9:22; comp. Ex. 17:1-7), Kibrot-hataava (9:22; comp. Nm. 11:4-34) y Cades-barnea (9:23, 24; comp.

El escritor de Hebreos comparó el monte Sinaí, el monte aterrador donde Dios dio las leyes que no podían ser obedecidas, con el monte de Sion y la celestial Jerusalén, la ciudad de Dios (He. 12:18-22). Los que desean participar en el pacto de Jesús deben recordar la advertencia de Sinaí y creer en él (He. 12:25) para poder recibir "un reino inconmovible" (He. 12:28).

Nm. 13:17–14:45). Cada uno de estos demostró que el incidente en el Sinaí no fue una casualidad, sino que Israel tenía una tendencia natural hacia la rebelión. Los teólogos cristianos lo llaman "pecado original".

Moisés entonces repitió a Israel que él había intervenido ante Dios a favor del pueblo (9:25-29), y que Dios había restablecido el pacto roto dándole las tablas nuevas donde estaba escrita la ley (10:1-5). Debido a su amor por Israel y su fidelidad a las promesas que Dios había hecho a Abraham (comp. 7:6-8; 9:29), Dios no estaba dispuesto a destruir a su pueblo (10:10).

- Dios permaneció fiel a Israel a pesar de que
- era obvio que no lo merecía. Debido a que
- Dios mostró su misericordia en el desierto,
- Israel sabía que también sería bondadoso con
- ellos en la tierra prometida. La fidelidad de
- Dios, dijo Moisés, debería estimular a Israel
- a ser fiel.

REPETICION DEL PRIMER PRINCIPIO: AMAR A DIOS Y OBEDECER SUS MANDAMIENTOS (10:12–11:32)

Moisés terminó su exhortación sobre los principios generales que salieron de los primeros dos mandamientos repitiendo el primer punto: Israel debe amar a Dios y obedecer sus mandamientos (comp. 6:1-25). Moisés resumió la esencia del pacto desde el punto de vista de Israel haciendo la pregunta: "¿Qué pide Jehová tu Dios de ti?" (10:12). Su respuesta incluyó una serie de verbos que indicaban el compromiso de Israel a Dios: temerlo, andar en todos sus caminos, amarlo, servirlo y guardar sus mandamientos

(10:12, 13). Israel debía hacer esto de corazón (10:12, 16), pues fue de corazón que Dios los amó primero (10:15).

Si Israel amara a Dios con un corazón circunciso (10:16) y "[viviera] unido a él" (10:20, BJ), el resultado sería una sociedad transformada. Israel se preocuparía por los miembros indefensos de la sociedad de la misma forma que Dios lo hace (10:17-19), una segura indicación de que la justicia y rectitud prevalecen en la tierra.

Moisés entonces estimuló a Israel a amar a Dios comparando lo que sucedería en la tierra prometida con lo que pasó en el desierto. En el desierto, las aguas del mar Rojo habían "arrollado" al ejército de Faraón de tal forma que todos murieron (11:4; Ex. 14:26-31). La tierra prometida, sin embargo, sería una tierra donde "fluía" leche y miel (11:9), rica en alimentos para que el pueblo de Dios pudiera vivir. En el desierto, la tierra abrió su boca y se tragó a Datán y Abiram y murieron (11:6; comp. Nm. 16:31-35). La tierra prometida, sin embargo, sería una tierra que "bebe las aguas de la lluvia del cielo" (11:11); Dios la había hecho fértil para que su pueblo pudiera vivir (11:13-17). Moisés advirtió a Israel que sus ojos habían visto las tribulaciones en el desierto (11:7), luego los confortó recordándoles que los ojos de Dios estarían sobre la tierra nueva durante todo el año (11:12).

En Egipto, una tierra llana que carece de lluvia, la fertilidad depende de la tecnología de la irrigación. En la antigüedad y aun en algunos lugares hoy día, el agua se bombea a los canales desde el río Nilo y después a los campos por medio de sistemas de ruedas de paletas impulsadas por los pies (11:10). Israel, una tierra de montes

"Vivirás unido a él"

El mandato de Moisés de "vivirás unido a él" (10:20, BJ) usa el mismo verbo por medio del cual describió la relación que Dios quiso para el esposo y su esposa: "Por tanto, dejará el hombre a su padre y a su madre, y se unirá a su mujer, y serán una sola carne" (Gn. 2:24). El escritor del libro de Rut usó el mismo verbo: "Rut se quedó con ella [Noemí]" (Rt. 1:14). Las relaciones humanas íntimas nos ayudan a entender lo que Dios desea de la relación que él establece con nosotros.

Teológicamente, podemos decir que Egipto fue un lugar donde la gente podía vivir por el poder de su propia suficiencia, pero Israel era —y todavía lo es— una tierra en que su gente tenía que depender de la provisión de Dios enviada del cielo.

La ceremonia de la renovación del pacto se llevaría a cabo en los montes Gerizim y Ebal y en el valle que estaba en medio de ellos (11:29). Esta región, sede de la poderosa ciudad-estado de Siquem, había ocupado un lugar prominente en la historia de los patriarcas (Gn. 12:6; 33:18; 34:1-31; 35:4; 37:12-14), pero aún no la conocían los israelitas en la época de Moisés. Por esta razón Moisés les proveyó un "mapa del camino" para localizar el lugar (11:30).

y valles, tiene pocos recursos de agua subterránea. Las lluvias son adecuadas casi todos los años, pero frecuentemente son impredecibles.

Moisés terminó su apelación de amar a Dios y guardar sus mandamientos de la misma forma como comenzó, ordenando a los israelitas que colocaran las palabras del pacto en sus manos, frentes, postes de sus casas y que las enseñaran a sus hijos (11:18-20; comp. 6:5-8). De esta forma, estarían bien preparados para heredar la tierra que había sido prometida a Abraham (11:24, 25; comp. Gn. 15:18).

Para concluir, Moisés puso delante de Israel "la bendición y la maldición" (11:26-28) y habló de la ceremonia de la renovación del pacto que Israel debía realizar una vez que entraran a Canaán (11:29, 30; comp. Jos. 8:30-35). Esta nota resumió el contenido del tercer sermón de Moisés, una lista de las bendiciones y maldiciones que caerían sobre Israel, dependiendo de su comportamiento en la tierra prometida (27:1–29:1). También presuponía que la conquista de Canaán se realizaría tal y como Dios lo había dicho.

■ *Moisés enfatizó el corazón de la ley cuando*
■ *repitió el principio de amar a Dios y guardar*
■ *sus mandamientos. El futuro de Israel, ya*
■ *fuera de bendición o maldición, dependía de*
■ *cómo cumplían el pacto que Dios misericor-*
■ *diosamente había establecido con ellos en el*
■ *monte Sinaí.*

PREGUNTAS PARA GUIAR SU ESTUDIO

1. ¿En qué forma es el mandamiento de amar a Dios completa y exclusivamente el fundamento para toda la ley?

2. ¿Por qué ordenó Dios a Israel que destruyera el pueblo de Canaán que ocupaba la tierra prometida?

3. ¿En qué forma sirvió la experiencia de Israel en el desierto para demostrar que Dios supliría sus necesidades una vez que entraran a la tierra prometida?

ASUNTOS ESPECIFICOS RELACIONADOS CON EL PACTO (DT. 12:1–25:16)

Habiendo establecido varios principios básicos que definían la relación del pacto entre Dios y su pueblo Israel, Moisés continuó proporcionando algunos estatutos y ordenanzas específicos que surgían de estos principios. Estos se basaban en cada uno de los Diez Mandamientos (5:6-21), y generalmente fueron arreglados de acuerdo con el orden en que los mandamientos fueron dados. Los primeros cuatro mandamientos tienen que ver con la relación del pueblo con Dios, y los últimos seis con las relaciones interpersonales. Sin embargo, así como lo demuestra Deuteronomio 12-25, nuestra relación con Dios también tiene ramificaciones interpersonales y éticas, y nuestras relaciones el uno con el otro tienen implicaciones importantes relacionados con Dios.

Esta parte del segundo sermón de Moisés incluye muchas leyes que son similares a las que se encuentran en los libros de Exodo y Levítico. Pero Moisés no sólo estaba reafirmando la información legal que ya Israel conocía, más bien formuló su presentación actual de la ley para que estuviera de acuerdo con las condiciones de vida que Israel enfrentaría en la tierra prometi-

"El Señor no nos da reglas, más bien manifiesta su norma con claridad. Si mi relación con él es de amor, cumpliré lo que me manda sin titubear. Si titubeo, es porque amo a alguien a quien he colocado en competencia con él, a saber, a mí mismo. Jesucristo no me forzará a obedecerle, pero debo hacerlo. Tan pronto como lo obedezca, cumpliré mi destino espiritual."
Oswald Chambers

da. En su sermón, Moisés procuró hacer que la ley fuera relevante a una nueva generación de israelitas.

Asuntos relacionados con el primer y el segundo mandamientos (12:1-31)

"No tendrás dioses ajenos delante de mí."

"No te harás imagen, ni ninguna semejanza."

Los estatutos y decretos que Moisés estableció basados en los dos primeros mandamientos se relacionan todos con la adoración.

Moisés comenzó y terminó esta sección con el mandamiento de evitar las prácticas religiosas de los cananeos. Israel debía destruir todos los centros de adoración de los cananeos (12:1-3), ni siquiera debían preguntar sobre tales dioses, no fuera que por su interés "tropezaran yendo en pos de [ellos]" (12:29-31).

La religión de los cananeos era una religión de la fertilidad basada en la naturaleza. Por esta razón, los lugares de adoración de los cananeos eran al aire libre ("sobre los montes altos, y sobre los collados, y debajo de todo árbol frondoso", 12:2) y no en los templos. Los arqueólogos han encontrado varios artículos de parafernalia religiosa asociada con la adoración de los cananeos, incluyendo altares, puestos de incienso, estatuas, un becerro de oro, estatuas de diosas de la fertilidad que guardaban en las casas, y moldes para fundir estatuas de los dioses.

La gran parte de Deuteronomio se enfoca en la centralización de la adoración de Israel en el templo de Jerusalén, que aquí se llama "el lugar que Jehová vuestro Dios escogiere" (12:5, 11, 14, 18, 21, 26; comp. 1 R. 8:16-21, 48; 2 Cr. 6:5, 6). Para poder asegurar su separación de las prácticas religiosas e influencia de los cananeos, Moisés instruyó a los israelitas a adorar en un solo lugar.

Moisés ordenó que se trajeran a este lugar de adoración centralizado diversas ofrendas y sacrificios los cuales ya se habían descrito en detalle en Levítico (12:6, 11, 17, 26, 27). Cuando se hiciera debidamente, la adoración en Jerusalén sería un tiempo gozoso de compañerismo con Dios y de unos con otros (12:7, 12, 18).

Cada uno de los Diez Mandamientos, incluyendo los que se enfocan directamente en Dios, tiene una dimensión ética. En el caso de los primeros dos mandamientos, Moisés usó la ocasión de la adoración para instruir a Israel sobre cómo proveerían para las necesidades físicas de los levitas (los sacerdotes y obreros religiosos de Israel) que no recibirían herencia terrenal (12:19).

■ *Israel debía evitar todo lo que tuviera que ver*
■ *con la religión cananea. Esto incluía adorar*
■ *en los lugares donde los cananeos adoraban.*
■ *La religión israelita debía centrarse en el*
■ *templo de Jerusalén.*

Asuntos relacionados con el tercer mandamiento (12:32–14:21)

"No tomarás el nombre de Jehová tu Dios en vano" (Ex. 20:7; Dt. 5:11).

En su sentido más estricto, el tercer mandamiento prohíbe jurar al hacer un voto (p. ej.: al hacer una promesa) en el nombre del Señor y luego quebrantarlo. En su sentido más amplio, prohíbe cualquier dicho o comunicación indignos acerca de Dios, o cualquier cosa que menoscabe o represente mal el nombre de Dios (p. ej.: su carácter). También prohíbe hablar falsedades de cualquier tipo.

13:1-18. Moisés se refirió primero a tres casos de calumnia, la acción de presentar acusaciones falsas con la intención de perjudicar la reputación de alguien. Los casos incluían a un profeta (13:1-5), un familiar (13:6-11) y "hombres impíos" (13:12-18), todos los cuales podían tentar a Israel a adorar a otros dioses. La reputación que corría el peligro de ser difamada era, por lo tanto, la de Dios. En cada caso, el hablar tenta-

El "lugar que Jehová vuestro Dios escogiere" llegó a ser Jerusalén, pero no hasta la época de David y Salomón, varios siglos después de la muerte de Moisés. A través de su historia los israelitas tendían a conservar lugares de adoración cananeos, muchas veces bajo la excusa de estar adorando a Jehová Dios, pero frecuentemente no lo hacían.

La palabra hebrea *vano* usada en el tercer mandamiento significa "vaciedad" o "nada". Cuando el salmista declaró que los ídolos eran "vanos", quiso decir que no tenían ninguna significancia. La frase "en vano" significa inútilmente, desperdiciar, falsamente, sin razón o para un fin sin valor.

dor sería especialmente seductor, pues se espera que el profeta exprese las palabras de Dios, que el familiar sea digno de confianza y que los ciudadanos no empiecen ni alienten falsos rumores. Moisés ordenó que tales personas fueran ajusticiadas (13:5, 9, 10, 15, 16).

El tema del falso profeta era de especial sensibilidad para Moisés porque él mismo era el profeta más grande que el Israel del Antiguo Testamento había tenido (comp. 34:10-12). Moisés reconoció que Dios probaría periódicamente a Israel por medio de enviarles profetas falsos (ver 1 R. 22:23), porque entonces Israel tendría realmente la oportunidad de demostrar que amaba a Dios con todo su corazón y con toda su alma (13:3; comp. 6:5).

14:1-21. Habiendo prohibido una forma de apostasía (tentar con palabras falsas a seguir a otros dioses), Moisés amplió la aplicación del tercer mandamiento a Israel prohibiendo igualmente otras formas de apostasía. Estas incluían ritos paganos para hacer duelo por los muertos (14:1; comp. Lv. 19:28) y comer alimentos que, en Levítico, habían sido declarados ritualmente impuros (14:3-21; Lv. 11:1-47; 17:15). En otras sociedades sólo los sacerdotes estaban sujetos a reglamentos como éstos, pero Israel debía ser un *pueblo* santo (14:2) en que la conducta de cada uno debía ser sin mancha como la conducta de sus sacerdotes.

No tomar el nombre del Señor en vano incluye no usar el nombre de Dios como una blasfemia, pero mucho más que eso. Todo lo que comunicamos a los demás acerca de Dios debe ser veraz. Nuestras palabras deben ser tan dignas de confianza como son las de él. Si damos nuestra palabra, debemos cumplirla siempre. El pueblo de Dios debe ser un pueblo de integridad, en que todo lo que hace es digno de confianza y veraz (Fil. 4:8, 9).

■ *Las palabras y acciones de Israel debían ser*
■ *veraces en todo momento, pero especial-*
■ *mente en todas las cosas relacionadas con*
■ *Dios. Que Israel se presentara como pueblo*
■ *de Dios y luego actuara en maneras que*
■ *dañaran la reputación de Dios delante de los*
■ *demás era tomado con toda seriedad.*

Asuntos relacionados con el cuarto mandamiento (14:22–16:17)

"Guardarás el día de reposo para santificarlo."

El cuarto mandamiento determina las ocasiones formales de adoración. A Israel se le mandó que guardara el sábado, el séptimo día de la semana, por medio de no trabajar y de dedicar el día entero a Dios (5:13, 14). Además del sábado, la legislación mosaica en Exodo, Levítico y Números había agregado otras fiestas o épocas especiales a lo largo del año (o ciclo de años) durante los cuales Israel tendría oportunidad de dedicarse a Dios en adoración y celebración (Ex. 23:10-17; Lv. 23:1-44; 25:1-17). Muchas de estas fiestas giraban alrededor del calendario agrícola del antiguo pueblo de Israel y por esa razón podían ser observadas únicamente en la tierra prometida. Era de esperar, entonces, que Moisés diera más instrucciones sobre las fiestas religiosas de Israel, justo antes de la conquista de Canaán.

14:22-27. Moisés se refirió primero a la ley del diezmo (comp. Lv. 27:30-33; Nm. 18:21-32). El diezmo, una décima parte de lo que una persona producía anualmente, debía ser apartado para mantener a los levitas. El pago de este diezmo incluía una celebración familiar en Jerusalén

El sábado era un obsequio de Dios a Israel (Mr. 2:27) durante el cual el pueblo podía disfrutar de descanso y paz, y pensar especialmente en Dios. Según Exodo 20:11 el sábado fue dado para recordar al pueblo cómo Dios había descansado en la perfección de su creación (Gn. 2:1-3). También anticipa la entrada del pueblo de Dios a su descanso final en el cielo (He. 4:9, 10). Según Dt. 5:15 el sábado fue dado para recordar a Israel su redención de Egipto; aquí también anticipa la redención definitiva del pecado.

El Antiguo Testamento no indica claramente que se observara el año de remisión (año sabático) o el año de jubileo (Lv. 25:8-17) en el antiguo Israel. De hecho, el autor de 2 Crónicas afirmó que mientras Judá se encontraba en el exilio en Babilonia "la tierra hubo gozado de reposo; porque todo el tiempo de su asolamiento reposó" (2 Cr. 36:21). Esto sugiere que la tierra tenía mucho en qué "ponerse al día". En la época de Jeremías, los judíos volvieron a prometer guardar el año de remisión (Neh. 10:31), y Josefo, el historiador del siglo I, informa que así lo hicieron periódicamente durante el período intertestamentario.

con los levitas "delante de Jehová tu Dios" (14:26).

14:28, 29. Moisés estipuló un diezmo adicional a ser pagado cada tres años para ayudar a mantener a las personas de menos recursos en el país. Es así que la obediencia a este cuarto mandamiento incluía una dimensión ética.

15:1-18. Eran razones éticas las que también constituían la base de la explicación de Moisés del año de remisión (año sabático) en Deuteronomio (comp. Ex. 23:10, 11; Lv. 25:1-7). En un intento de proveer para las necesidades de los pobres en Israel (comp. 15:4, 11), Moisés estipuló que los que podían, debían dar libremente y sin reticencia lo que fuera suficiente para suplir sus necesidades. Si así lo hicieran, no necesitarían leyes adicionales (comp. 15:5).

No obstante, Moisés también estipuló que los que tenían deudas, ya fueran monetarias (15:2, 3) o por haberse vendido en esclavitud para pagarlas (15:12-14; comp. Lv. 25:39), debían ser "liberados" (15:1) cada siete años. Esta liberación era obviamente una cancelación de deudas, aunque es posible que la liberación tuviera la intención de posponer los términos de la deuda por el lapso de un año. En cualquiera de los casos, el año de remisión era un "sábado" comparable al día semanal de reposo (Lv. 25:3, 4). La justificación para los dos sábados era la misma: "Te acordarás de que fuiste siervo en la tierra de Egipto, y que Jehová tu Dios te rescató" (15:15; comp. 5:15).

15:19-23. Moisés ordenó a Israel que dedicara los animales primogénitos de sus manadas y rebaños a Dios por medio de comerlos en una celebración familiar en Jerusalén. El contexto que se tenía en mente para esta celebración posiblemente era la Pascua (comp. 16:6). Los israelitas no debían "servirse" de estos animales primogénitos (no ordeñarlos ni esquilarlos), una clara indicación de que ellos, como el sábado (Dt. 5:14), debían ser santos.

16:1-17. Moisés también dio instrucciones específicas para regir tres grandes fiestas de peregrinaje de Israel: la Pascua (16:1-8), la Fiesta de las Semanas (16:9-12) y la Fiesta de los Tabernáculos (16:13-15). Cada una de estas fiestas debía ser celebrada en Jerusalén por toda la familia, y debía incluir ofrendas, sacrificios, y gran alegría (16:16, 17). Eran épocas para agradecer a Dios por la generosidad de la tierra y sus grandes actos de redención.

■ *Dios proveyó épocas regulares de adoración*
■ *para Israel de modo que su pueblo celebrara*
■ *su bondad. Cuando entraron a la tierra*
■ *prometida, la mayoría de estas celebraciones*
■ *estaba centradas en el templo en Jerusalén.*

Asuntos relacionados con el quinto mandamiento (16:18–18:22)

"Honra a tu padre y a tu madre."

El quinto mandamiento requiere que el pueblo de Dios honre a sus progenitores. Debido a que Moisés se dirigía a los adultos, la honra que había de mostrarse no se limitaba al mandamiento "Hijos, obedeced... a vuestros padres", aunque esto ciertamente iba incluido (comp. Ef. 6:1). Más bien, el adulto debe seguir mostrando lealtad y respeto hacia sus padres a lo largo de su vida. Y en su aspecto más amplio, este mandamiento abarca el cuidado de los ancianos y el respeto apropiado hacia toda autoridad legítima, sea civil o religiosa.

El acto de comer una oveja o cabra como una manera de dedicarla a Dios puede parecer egoísta en la economía actual, pero no así para el antiguo Israel. En la antigüedad, casi nunca se comía carne, especialmente en el caso del hombre común, porque las ovejas y las cabras eran usadas para atender sus necesidades cotidianas (leche y lana). Matar una oveja o una cabra para alimento era consumir neciamente el capital familiar. Dios demandó que todo el que tenía ovejas o cabras le diera algunas a él como ofrenda, luego, en su gracia, permitió que el dueño volviera a tener los animales en una fiesta de gran gozo.

Fiestas

NOMBRE DE LA FIESTA	PASCUA (PESACH)	FIESTA DE LAS SEMANAS/ PENTECOSTES (SHAVUOT)	FIESTA DE LOS TABERNACULOS/ CABAÑAS (SUKKOT)
Fiesta asociada con la agricultura	Fiesta de los panes sin levadura	Fiesta de la siega o primicias	Fiesta de la siega
Referencia en el Pentateuco	Ex. 12:1-28; 23:15; 34:18-20 Lv. 23:5-8; Nm. 28:16-25; Dt. 16:1-8	Ex. 23:16; 34:22 Lv. 23:15-21; Nm. 28: 26-31; Dt. 16:9-12	Ex. 23:16; 34:22 Lv. 23:33-36 39-43; Dt. 16:13-15
Epoca del año en que se celebraba	Mediados de marzo a mediados de abril	Fines de mayo a principios de junio	Fines de septiembre a principios de octubre
Importancia histórica	Recordar la liberación de Israel de Egipto por la mano de Dios	Recordar que Dios libró a Israel de la esclavitud en Egipto; con el tiempo se incluyó el haber recibido la ley en el monte Sinaí	Recordar que Israel vivió en cabañas durante su peregrinación en el desierto
Importancia agrícola	Celebración de la cosecha de cebada	Celebración de la cosecha de trigo	Celebración general de las cosechas (granos, vid y árboles frutales)
Importancia en el Nuevo Testamento	La última cena de Jesús fue la comida pascual (Lc. 22:15); él también fue el Cordero pascual que trajo redención al mundo (1 Co. 5:7)	La iglesia se fundó en Pentecostés (Hch. 2:1); Cristo y los creyentes llamados "primicias" (1 Co. 15: 20, 23; Stg. 1:18)	Jesús las celebró usando las oraciones acostumbradas en las fiestas pidiendo lluvia para anunciar que él era la fuente de agua viva (Jn. 7:2, 37-39

El quinto mandamiento es el primero que incluye una promesa: "Para que sean prolongados tus días y para que te vaya bien sobre la tierra" (comp. Ef. 6:2, 3). Moisés no quiso decir que había una conexión automática entre el honrar a los padres y una prosperidad individual y una larga vida. Más bien se refería a Israel como una entidad corporativa: Si el pueblo de Dios funcionaba unido adecuadamente (evidenciado por el respeto dado y recibido entre sus integrantes), la sociedad prosperaría. Si no, la sociedad se desintegraría desde adentro.

Los estatutos específicos que Moisés dio en conexión con el quinto mandamiento tenían que ver con las estructuras de las autoridades civiles y religiosas: El sistema judicial (16:18–17:13), el rey (17:14-20), el sacerdocio (18:1-8) y los profetas (18:9-22). Cada una de estas instituciones llegó a ocupar un lugar destacado en la sociedad israelita cuando Israel se asentó en la tierra de Canaán y, en particular, con el establecimiento de la monarquía bajo David y Salomón.

El sistema judicial (16:18–17:13)

Moisés ordenó que se nombraran jueces y magistrados en cada población (comp. 1:9-15), "los cuales juzgarán al pueblo con justo juicio" (16:18-20; comp. 1:16, 17). Se estableció un tribunal supremo de sacerdotes levitas para decidir los casos que fueran demasiado difíciles para los jueces locales (17:8-13; comp. Ex. 18:22). Como ejemplo de un caso que requiere un juicio, Moisés dio el de una apostasía que podría ocurrir "en medio de ti, en alguna de tus ciudades" (17:2-7). En dichos casos, a los jueces se les indicó que averiguaran con diligencia acerca del mal cometido (17:4) y, si fuera un delito de pena capital, que escucharan el testi-

Se puede inferir, de las palabras de los profetas que la perversión de la justicia era un problema muy real en el antiguo Israel. Los jueces habitualmente aceptaban soborno y demostraban parcialidad en los juicios que emitían, justamente las cosas contra las cuales advirtió Moisés. Amós, más que ningún otro profeta, censuró las injusticias sociales que proliferaban durante la monarquía israelita. Muchas de éstas provenían de un sistema judicial corrupto (Am. 5:10-15, 24).

Los escritores bíblicos posteriores juzgaban a los reyes de Israel según los estatutos de Deuteronomio que regían a la monarquía. La gran riqueza de Salomón constituida por caballos, oro y plata (1 R. 4:26; 9:11, 19; 10:26-29) y muchas esposas (1 R. 11:3) apartaron su corazón de Dios (1 R. 11:9). En contraste, el buen rey Josías leía y obedecía "el libro de la ley", probablemente Deuteronomio, un ejemplar del cual fue encontrado en la restauración del templo que se realizó durante su reinado (2 R. 22:8-11).

monio corroborativo de dos testigos como mínimo (17:6), uno de los cuales serviría también como verdugo (17:7).

■ *Los jueces de Israel debían ser justos e im-*
■ *parciales al emitir sus juicios. Porque esta-*
■ *ban ubicados en todas las poblaciones, los*
■ *jueces podían ser sensibles a las necesidades*
■ *individuales.*

Monarquía (17:14-20)

Moisés reconoció que Israel, una vez que hubiera entrado en Canaán, querría un rey "como todas las naciones que están en mis alrededores" (17:14; comp. 1 S. 8:4, 5). La institución de la monarquía había sido ya prevista aun en la época de los patriarcas (Gn. 17:16; 35:11; 49:10). Moisés dio tres estatutos para controlar los abusos del poder real (comp. 17:20):

1. El rey debía ser un compatriota israelita quien, supuestamente, tendría en cuenta lo que era mejor para su pueblo (17:15).

2. El rey no debía procurar muchas riquezas personales (caballos, plata u oro), ni debía tomar muchas esposas (17:16, 17).

3. El rey debía copiar, leer y obedecer las leyes del Deuteronomio (17:18, 19). Al hacerlo, reconocería que estaba subordinado a Dios.

■ *Los reyes de Israel no debían procurar su en-*
■ *grandecimiento personal sino someterse a la*
■ *autoridad superior de Dios.*

El sacerdocio (18:1-8)

En el desierto, la tribu de Leví había sido apartada por Dios a fin de ser los sacerdotes para Israel (Ex. 32:26-29). Debían servir como intermediarios delante de Dios; de ahí que su herencia en Israel era Dios mismo más bien que tierras (18:1, 2; comp. 10:9). Más adelante, Josué designaría cuarenta y ocho ciudades, cuatro en cada una de las doce regiones tribales, como ciudades levíticas (Jos. 21:1-45; comp. Nm. 35:1-8). De esta manera, los levitas tendrían un lugar que podrían considerar propio y, a la vez, estarían distribuidos equitativamente entre las tribus a fin de servir a Israel más eficazmente.

Puesto que los sacerdotes no se ocupaban extensamente de la agricultura (comp. Nm. 35:2-4), dependían de las contribuciones de otros para su sustento (12:19; 14:27). Moisés estipuló que estas contribuciones debían ser en forma de alimentos de entre lo mejor que Israel producía (18:3-5; comp. Lv. 7:28-36).

Primero de Samuel 2:12-17 provee un ejemplo de cómo el sistema de mantenimiento del sacerdocio fue cambiando y desarrollándose en el antiguo Israel (note el versículo 13: "Era costumbre de los sacerdotes"). Ofni y Finees, los dos hijos de Elí, usaban su poder como sacerdotes para obtener la carne sacrificial para su propio uso, enriqueciéndose de esta manera a costa del público.

■ *El sacerdocio atendía las necesidades perma-*
■ *nentes de Israel. A cambio de entregarse a*
■ *Dios, recibirían su mantenimiento de la po-*
■ *blación israelita en general.*

Profetas (18:9-22)

Sobre la actividad profética, Moisés advirtió que "estas naciones que vas a heredar, a agoreros y a adivinos oyen" (18:14). Tales actividades, especificadas en los versículos 10, 11, representaban el intento de controlar el mundo de lo divino. También se centraban en la muerte en lugar de la vida. Por estas razones, Moisés las llamó "abominación para con Jehová" (18:12) y ordenó que fueran evitados por su pueblo (18:9, 13, 14; comp. 12:31; Lv. 19:26, 31).

En sus instrucciones relacionadas con el tercer mandamiento, Moisés había tratado el tema del profeta que tentaría al pueblo a seguir a falsos dioses (13:1-5). Ahora habla del profeta verdadero a quien Dios levantaría un día para Israel. Ese profeta surgiría de su propio pueblo y sería como Moisés (18:15). Hablaría las palabras de Dios (18:17) a fin de que Israel obedeciera.

La palabra hebrea *profeta* significa "portavoz". El profeta era el portavoz de Dios. Así como el secretario de prensa presidencial está comisionado para decir exactamente lo que el presidente diría, el profeta decía las propias palabras de Dios.

La combinación de las palabras de Moisés en Deuteronomio 18:15-19 y la afirmación al final de Deuteronomio en el sentido de que no había aún aparecido un profeta como Moisés (34:10-12) llevó a los judíos a anticipar que el gran profeta como Moisés vendría al final de los tiempos. Al observar la obra y el ministerio de Jesús en Jerusalén, algunos de los judíos en el gentío exclamaron: "Verdaderamente éste es el profeta" (Jn. 7:40). En Hechos 3:22, 23 Pedro interpretó que Deuteronomio 18:18 se refería a Jesús el Mesías.

Debido a que algunos profetas hablaban las palabras de Dios y otros no, Moisés dio una prueba por medio de la cual Israel podía identificar a un profeta verdadero. La prueba era directa: Si lo que predecía sucedía, el profeta era verdadero; si no, el profeta era falso y debía morir (18:20-22). La prueba presuponía que las palabras de predicción se referirían a un futuro cercano, algo dentro del lapso normal de la vida del profeta. Por cierto que los falsos profetas normalmente trataban de influenciar al rey o al pueblo israelita sobre eventos o condiciones que eran inminentes, así que casi siempre hablaban del futuro inmediato (ver 1 R. 22:5-28).

- *Los profetas de Israel debían buscar en Dios*
- *su dirección en lugar de depender de métodos*
- *creados por ellos mismos. Como resultado,*
- *eran los portavoces de Dios.*

Asuntos relacionados con el sexto mandamiento (19:1–22:8)
"No matarás."

El mandamiento de no matar no prohíbe todos los tipos de muertes sino sólo el matar injusto o sin razón, o el homicidio no sancionado por la ley. Específicamente, prohíbe el asesinato intencional y no intencional. Moisés usó la base del sexto mandamiento para también instruir a Israel sobre cuestiones como muerte accidental, matar dentro de la ley (la pena capital) y la guerra.

Homicidio intencional y no intencional (19:1-21)

19:1-13. La primera pauta que estableció Moisés sobre el homicidio fue designar tres ciudades adicionales de refugio en Israel (19:1-3, 7-9; comp. Nm. 35:9-15). Las tres ciudades de refugio ya habían sido designadas para ser usadas por las tribus que habían recibido su herencia en Transjordania (4:41-43). Josué escogió las ciudades adicionales cuando se completó la conquista de Canaán: Cedes en el norte de Galilea y Siquem en la región montañosa central y Hebrón en la región montañosa septentrional (Jos. 20:1-9).

El que cometiera un homicidio no intencional podía huir a una de estas ciudades y esperar hasta que su caso fuera juzgado con justicia. La intención de Moisés era evitar venganzas con derramamiento de sangre (19:4-6). Pero estas

La práctica de predecir el futuro por medio de la adivinación estaba muy desarrollada y era un arte respetado en el antiguo Cercano Oriente. Los documentos escritos de Mesopotamia y Canaán hacen referencia a diversos métodos de predicción, como son, estar en trance extático o por medio de interpretar los diseños de gotas de aceite sobre el agua, la formación del humo que subía o de aves en vuelo, la disposición de las entrañas de animales o el movimiento de las estrellas. Tales prácticas fueron condenadas por los escritores bíblicos (Is. 8:19; 47:9; Jer. 27:9; Mal. 3:5; Ap. 21:8).

La palabra hebrea traducida "matar" que se encuentra en el sexto mandamiento es usada en la Biblia para referirse a asesinar a individuos, nunca a matar en la guerra o a matar animales. Por esta razón, es mejor traducirla "asesinato" u "homicidio sin premeditación".

ciudades no eran para dar refugio a los culpables de asesinatos premeditados. Si alguien así buscaba santuario en una ciudad de refugio, era entregado y ajusticiado (19:11-13).

19:14. Una de las causas de disputas más frecuente entre individuos (¡y naciones!) en el antiguo Cercano Oriente era la usurpación de los derechos de la propiedad ajena. A fin de prevenir tales disputas, que frecuentemente llevaban a verdaderos conflictos y homicidios (comp. el incidente de la viña de Nabot en 1 R. 21:1-6, y Job 24:1, 2), Moisés legisló contra "quitar" (o sea, mover o ignorar) los mojones fijados que marcaban los linderos de las propiedades.

19:15-21. En Deuteronomio 17:6 Moisés estableció la necesidad de contar con un mínimo de dos testigos para emitir juicio en un caso criminal. Ahora, en relación con los homicidios, el crimen más grave contra el ser humano, explicó con más detalles este principio. El testigo falso debía ser expuesto y recibir el mismo castigo que el culpable por quien había mentido.

■ *La Ley de Moisés era estricta en casos de ho-*
■ *micidio intencional, pero misericordiosa*
■ *cuando la muerte no era intencional.*

Guerra (20:1-20)

A continuación, Moisés dio leyes que regulaban la conducta en la guerra. Estas leyes tenían la intención de preparar a Israel para sus guerras para conquistar Canaán al igual que otras batallas que Israel pudiera librar fuera de sus propias fronteras. Aunque Dios decretó que la destrucción total de Canaán era necesaria, Deuteronomio 20 decretaba prácticas bélicas que eran más humanitarias que las que constituían la norma en el antiguo Cercano Oriente.

20:1. Las leyes sobre las guerras que Moisés estableció presuponen que Dios estaría luchando por Israel. Si Israel era fiel a Dios, no tenían que temer a enemigos que fueran más numerosos y fuertes (comp. Jos. 5:13-15; 2 R. 6:15-19).

20:2-9. Antes de las batallas, el ejército de Israel debía ser bendecido y alentado por un sacerdote (comp. 2 Cr. 20:20, 21). Ciertos hombres debían ser eximidos de luchar: cualquiera que hubiera edificado una casa nueva y todavía no la hubieran dedicado, cualquiera que hubiera plantado una viña y todavía no hubiera recogido su fruto, cualquiera que se acabara de casar (comp. 24:5) y cualquiera que tuviera miedo. Gedeón se valió de esta última excepción al prepararse para luchar contra los madianitas (Jue. 7:2, 3).

20:10-18. Las reglas de la guerra para Israel eran distintas, dependiendo de la ubicación de la ciudad a ser tomada. Cuando la ciudad estaba lejos, es decir, fuera de la tierra prometida, Israel debía primero procurar un acuerdo pacífico. Si la ciudad sitiada se negaba, sólo entonces Israel podía destruirla. Las ciudades dentro del territorio de Canaán debían ser destruidas totalmente desde el principio. Esto debía hacerse según la práctica de las guerras santas que Moisés había decretado en Deuteronomio 7:1-5. El resultado final era que las guerras no debían ser para lograr riquezas personales ni un engrandecimiento nacional, sino para eliminar las prácticas paganas que llevaban a Israel a pecar.

20:19, 20. La mención de no destruir los árboles frutales en el área alrededor de la ciudad sitiada era necesaria para combatir la práctica de

Las guerras en todas las edades han sido brutales, y las del antiguo Cercano Oriente no eran una excepción. Se pueden encontrar evidencias gráficas de los horrores de las guerras en la antigüedad en bajos relieves de batallas que los monarcas encargaban para decorar las paredes de sus templos o palacios. El bajo relieve más importante para comprender las guerras bíblicas es el que Senaquerib, rey de Asiria, mandó esculpir en la sala principal de su palacio. Mostraba la toma de la ciudad de Laquis, en Judea en el año 701 a. de J.C. (comp. 2 R. 18:13, 14). En la guerra, los soldados enemigos eran desmembrados y empalados, las ciudades eran incendiadas y los campos saqueados y arrasados por las tropas en su avance.

Jesús aludió a las excepciones para las guerras enunciadas en Deuteronomio 20:5-8 en su parábola del gran banquete. Ciertas personas se excusaban de asistir al banquete porque tenían negocios urgentes u obligaciones matrimoniales, excepciones similares a los que Moisés permitió para las guerras (Lc. 14:18-20; comp. Lc. 18:29). Jesús prefería a los que voluntariamente renunciaban a sus derechos para favorecer a terceros, que a los que insistían en guardarse lo que era de ellos "por derecho".

Entendiendo el espíritu de la ley, Jesús amplió el mandamiento "No matarás" para incluir ni siquiera odiar o enojarse (comp. Mt. 5:21, 22). Luego, al estilo de Moisés, dio instrucciones específicas sobre lo que significaba enojarse y cómo superar el enojo (5:22-26).

destruir los campos a fin de fabricar equipos para usar al sitiar la ciudad. Era probablemente por una conducta como ésta que los reyes de Israel se hicieron la reputación de ser misericordiosos con sus enemigos (comp. 1 R. 20:31).

■ *Debido a que la guerra era una parte real de*
■ *la identidad nacional de Israel, tenía que ser*
■ *regulada por ley. Cuando se realizaban co-*
■ *rrectamente, las guerras en Israel eran más*
■ *humanitarias que las guerras libradas por*
■ *sus vecinos.*

Otros casos relacionados con el sexto mandamiento (21:1–22:8)

La sección final de Deuteronomio que se dedica a la explicación de Moisés sobre el sexto mandamiento contiene una variedad de leyes. Algunas se relacionan claramente con matar; otras se relacionan más con el espíritu del mandamiento y tienen que ver con situaciones en que hay enojo, odio y negligencia.

21:1-9. El problema de una justicia no cumplida surgía si la identidad del homicida no podía ser determinada. En dichos casos, Moisés proveyó un medio por el cual los que no eran culpables pudieran declarar su inocencia y de esta manera evitar el juicio de Dios. Más adelante, una serie de maldiciones en Deuteronomio enfocan la cuestión de otros crímenes cometidos en secreto (27:15-26).

21:10-14. Moisés hizo provisión para el tratamiento humanitario de las mujeres tomadas cautivas en las guerras. Dichas mujeres debían casarse con un israelita (¡siendo así mantenidas!) o debía dárseles la libertad (comp. 2 R.

5:2). Tomar prisioneros para someterlos a la esclavitud estaba prohibido en Israel.

21:15-17. Un estatuto específico estipulaba que el hombre que tuviera dos esposas no debía mostrar parcialidad por el hijo de su esposa favorita. Aunque Dios permitía a los hombres israelitas tener más de una esposa, esto nunca fue su preferencia (comp. Gn. 2:24) y casi siempre resultaba en tensiones dentro del hogar (comp. 1 S. 1:2-8). Este estatuto parece haberse adoptado como resultado de problemas familiares como los que tuvo Jacob (comp. Gn. 29:15-30; 37:3, 4).

21:18-21. La rebelión de un hijo contra sus progenitores era tratada como delito capital en el antiguo pueblo de Israel porque sacudía los fundamentos de la sociedad. Como muerte patrocinada por el Estado, la pena capital era permitida bajo los términos del sexto mandamiento.

21:22, 23. Después de que un hombre era ajusticiado por un delito, su cuerpo era colgado de un árbol para ser visto por el público a fin de disuadir de cometer el mismo crimen. Moisés ordenó que los cadáveres de los criminales fueran tratados humanitariamente y que no se dejaran colgados, expuestos, después de la puesta del sol. Por implicación, todos los muertos debían ser tratados con respeto. Josué obedeció esta ley durante su conquista de Canaán (Jos. 8:29; 10:26, 27); no así los filisteos (1 S. 31:10-13).

22:1-4). Moisés también trató el tema de la pérdida innecesaria de propiedad debido a un descuido intencional. Era responsabilidad del hombre restaurar a su legítimo dueño la propiedad perdida si estaba dentro de sus posibilidades hacerlo. Aunque la muerte por

La práctica romana de crucificar era el método preferido para exhibir públicamente a los criminales ajusticiados en la Palestina del siglo I. La ley judía que requería que los que fueran crucificados tenían que ser quitados de la cruz antes de la puesta del sol se basaba en Deuteronomio 21:22, 23 (comp. Jn. 19:31). Pablo citó la razón de este estatuto: "Maldito todo el que es colgado en un madero", al mostrar que Jesús cargó en la cruz con los pecados de la humanidad (Gá. 3:13).

homicidio no aparece aquí, sí la pérdida grave producida intencionalmente por alguien.

22:6, 7. El trato humanitario de la gente evidenciado a lo largo de Deuteronomio se aplicaba igualmente a los animales. Al permitir a los israelitas tomar los huevos, pero no a la ave madre, Moisés frenó la pérdida innecesaria de la vida animal.

22:8. Por último, Moisés enfocó el homicidio sin intención por descuido, pero era responsabilidad de todo israelita mantener su propiedad de tal manera que los demás no se lastimaran de gravedad o fatalmente (comp. 2 R 1:2).

El mandamiento de no matar presupone la santidad de la vida (Gn. 1:26, 27; 9:1-7; Sal. 8:5-8). La vida humana es de gran valor para Dios y no debe ser perjudicada en ninguna forma. Cualquier actividad que descuida la vida humana ha de ser evitada. Manejar mal un vehículo o tener hábitos malsanos en la comida representan riesgos innecesarios para la vida. La discriminación racial desprecia a gente por la cual Jesús murió. Los insultos y palabras provocadores, y los resentimientos, no son dignos del pueblo de Dios.

■ *Los numerosos estatutos en Deuteronomio*
■ *que tratan sobre la pérdida de la vida o que*
■ *se relacionan con ella, dan testimonio del*
■ *gran valor que Dios le da a la vida humana.*

Asuntos relacionados con el séptimo mandamiento (22:9–23:18)

"No cometerás adulterio."

En su acepción más estricta el séptimo mandamiento prohíbe actos sexuales por parte de la persona que ya está casada con otra. También se refiere a todas las demás formas de pureza sexual, dentro o fuera del lazo matrimonial, y todo aquello que estimula las relaciones buenas, de confianza y sanas. Los elementos clave de este mandamiento son fidelidad y pureza.

En Deuteronomio, Moisés conectó el séptimo mandamiento con la santidad. La idea fundamental sobre la que se basa la santidad es la separación de las cosas que no alcanzan las normas de Dios sobre la pureza. Dios demanda que todas las áreas de la vida, ya sea en una esfera familiar, social, nacional o religiosa sean puras.

22:9-11. Para presentar el séptimo mandamiento, Moisés proveyó estatutos específicos que requerían que las cosas encontradas en estados separados en la naturaleza no sean mezcladas por las personas. Esto incluía el travestismo (22:5). Aparentemente, Moisés dio estas ilustraciones a fin de mostrar a Israel lo que significaba vivir vidas santas, apartadas para Dios. La lógica de Moisés en estos mandamientos no resulta del todo clara, quizá tuvo la intención de preservar el orden de la creación en el cual los seres vivientes fueron creados "según su género" (Gn. 1:11, 12, 21, 24).

22:13-30. Moisés dio varios estatutos detallando actos de impureza sexual fuera del matrimonio. Estos incluyen relaciones sexuales antes del matrimonio (22:13-21), falta de castidad (22:22), seducción (22:23, 24), violación (22:25-29) e incesto (22:30). En Levítico se habían dado mandamientos similares (Lv. 20:10-21). En general, si alguien, hombre o mujer, caía en tales relaciones sexuales intencionalmente, eran ajusticiados. Pero si un hombre violaba a una mujer no comprometida, debía pagar una multa y casarse con ella, protegiendo así el bienestar de ella.

23:1. Para Moisés había una conexión entre la pureza sexual y los tipos de pureza que calificaban al antiguo israelita para entrar "en la congregación de Jehová" (23:1-3, 8). Levítico había listado varias incapacidades físicas que descalificaban al hombre israelita para participar en ciertas formas de adoración pública (Lv. 21:16-24). De éstas Moisés sólo mencionó en Deuterono-

Dios escogió la relación matrimonial como medio de expresar la intimidad que él comparte con su pueblo. Ningún profeta lo entendió tan bien como Oseas, a quien Dios le ordenó casarse con una mujer infiel (Os. 1:2). El matrimonio de Oseas ilustraba el pacto que Dios había establecido con su pueblo. Aunque Oseas tenía el derecho de divorciar a su esposa, no lo hizo porque la amaba y la perdonaba (Os. 3:1). En una manera similar, por amor, Dios dejó a un lado su derecho a divorciarse de su pueblo infiel (ver Dt. 6:14, 15; 7:6-8; Os. 3:1).

Congregación de Jehová

La frase *congregación de Jehová* se refiere no a ser israelita sino a la participación en las reuniones formales del pueblo de Dios como comunidad de creyentes en sus fiestas y cultos públicos.

Todo parece indicar que la prostitución como culto era algo generalizado en las antiguas religiones de la fertilidad en el Cercano Oriente. Los ritos religiosos cananeos incluían actividades sexuales por parte de sacerdotes masculinos y femeninos a fin de asegurar que la tierra fuera fértil para el próximo año. La gran apostasía de Israel en Baal-peor había incluido la prostitución como culto (Nm. 25:1-5; Dt. 4:3, 4).

mio la castración, probablemente porque involucraba la marca de la circuncisión que era la señal en el hombre que lo habilitaba para participar en el pacto de Dios (ver Gn. 17:9-14).

23:2-8. Otro criterio para la descalificación se relacionaba con el nacimiento del hombre. Los nacidos ilegítimamente, o que eran de las naciones de Amón o Moab, también eran excluidos de participar plenamente en la congregación del pueblo de Dios. Pero los edomitas no fueron excluidos ya que descendían de Esaú, hermano de Jacob, el antepasado de Israel (Gn. 25:21-26).

23:9-14. Moisés incluyó cuestiones relacionadas con la higiene personal en su elaboración del séptimo mandamiento porque los mismos órganos físicos se incluyen en cada caso (Lv. 15:16-18; 22:4). La implicación no es que los diversos actos de emisión descritos por Moisés sean impuros de por sí, sino que hay una ocasión y lugar correctos para tales cosas.

23:15, 16. El trato humanitario de esclavos en el antiguo pueblo de Israel incluía a los que se habían escapado, los cuales recibían asilo. Lo que se asume es que los dueños de estos esclavos no eran israelitas y vivían fuera de Israel. La conexión de este estatuto con las otras leyes de pureza es bastante general. Resulta evidente que Moisés incluyó este estatuto aquí a fin de mostrar que, para Israel, la pureza de vida tenía ramificaciones mayores que sencillamente la conducta sexual; incluía también relaciones sociales y económicas.

23:17, 18. El mandato final de Moisés relacionado con el séptimo mandamiento prohibía la prostitución ritual por parte de mujeres y hombres. El dinero ganado en tales prácticas no debía ser usado como ofrendas en el templo.

■ Como pueblo propio de Dios, Israel debía ser
■ santo. Entre otras cosas, esto significa que
■ todas las relaciones humanas han de man-
■ tenerse puras.

Asuntos relacionados con el octavo mandamiento (23:19–24:7)

"No hurtarás."

El octavo mandamiento enfoca asuntos de justicia económica. Moisés quiso inculcar en el pueblo de Dios un espíritu de honestidad, generosidad y buena voluntad. Reconoció que robar involucra mucho más que el acto externo de apoderarse de algo que es de propiedad ajena. En su centro, el robo es una traición a la confianza en Dios para dar lo que es necesario para vivir.

23:19, 20. La primera disposición de Moisés relativa al robo requería que los préstamos dentro de Israel fueran transacciones libres de interés. No obstante, el interés podía ser cobrado en préstamos otorgados a extranjeros. Porque Dios había dado generosamente a Israel (Lv. 25:35-38), era considerado igual que robar el que un israelita cobrara intereses a un compatriota al darle un préstamo.

23:21-23. Moisés incluyó los votos en su exhortación del octavo mandamiento como un ejemplo de robarle a Dios. Un voto debía hacerse voluntariamente, y una vez que se expresaba, debía cumplirse a tiempo y totalmente. Como una ampliación de esta ordenanza, el autor de Proverbios expresó que todas las deudas debían pagarse con prontitud (Pr. 3:27, 28).

Jesús tocó el corazón mismo del séptimo mandamiento cuando dijo que el hombre que mira a una mujer para codiciarla, comete adulterio en su corazón (Mt. 5:27-30). Pablo enseñó que debido a que nuestros cuerpos son templo del Espíritu Santo, la unión sexual de cualquier tipo fuera del matrimonio es incorrecta (1 Co. 6:16-20).

En la antigua Babilonia, durante la época de Nabucodonosor, a veces los préstamos se daban sin intereses, y en otras ocasiones se cobraban intereses de hasta un 23 por ciento.

Cuando los discípulos de Jesús arrancaron espigas para comer al cruzar un campo de trigo, los fariseos los criticaron por no guardar el día de reposo (Mt. 12:1-7). Jesús respondió que la intención ética, humanitaria de la ley anulaba la observación estricta a la letra de la ley. Jesús mostró cómo Moisés tuvo la intención que la ley se usara sabiamente, teniendo en mente el bienestar del pueblo.

En el Sermón del monte, Jesús mostró cómo desde el sexto al noveno mandamientos debían ser guardados de corazón. Explicó la dimensión interior de "No matarás", luego, de "No cometerás adulterio", después mencionó el divorcio y por último explicó "No dirás falso testimonio" (Mt. 5:21-37). Al mencionar el divorcio en la sección sobre "No robarás" de los Diez Mandamientos, Jesús, como Moisés, hizo una conexión importante entre ambos.

23:24, 25. Israel debía ser una comunidad altruista en la tierra prometida. Los que tenían los medios para dedicarse a la agricultura tenían la obligación de cuidar a los que no los tenían, y a los viajeros hambrientos que pasaban por la región. Es así que Moisés otorgó el derecho de tomar suficiente fruto del campo ajeno para preparar una comida; cualquier cantidad mayor era robar (Dt. 24:19-22).

24:1-5. Las leyes de Moisés sobre el divorcio prohibía al hombre volverse a casar con una mujer que se hubiera divorciado dos veces, una vez de él mismo y después de otro hombre. Además, no condenaba ni aprobaba el divorcio sino que simplemente reconocía que existía. Jesús aceptó el que Moisés permitiera el divorcio sólo por razones de infidelidad, pero enseñó que desde el principio Dios nunca tuvo la intención de que hubiera divorcios (Mt. 5:31, 32; 19:7-9; comp. Gn. 2:24).

Puede ser que Moisés haya incluido el estatuto sobre el divorcio en su comentario del octavo mandamiento porque el divorcio involucra disputas acerca de derechos de propiedad, o porque al volverse a casar incorrectamente con una mujer divorciada, el hombre comete adulterio al "robarla" de su legítimo esposo.

A estas disposiciones Moisés agregó una exención del servicio militar para el recién casado (Dt. 20:7). Al ir y quizá morir en la guerra, el hombre es "robado" de su esposa. Una vez más, la preocupación humanitaria es evidente en la ley.

24:6, 7. Moisés también prohibió el secuestro y el tomar la muela de molino como prenda de un préstamo, quitando así al deudor su medio de vida. En cada caso el robo involucraba robar la vida.

■ *La preocupación de Moisés por el valor del*
■ *individuo se demuestra en su protección de*
■ *los derechos de propiedad y del derecho a la*
■ *vida.*

Asuntos relacionados con el noveno mandamiento (24:8–25:4)

"No dirás falso testimonio contra tu prójimo."

El noveno mandamiento prohíbe el falso testimonio presentado contra un amigo ante un tribunal. En su aplicación más amplia, el mandamiento prohíbe toda palabra que no es verdad, porque al mentir, la reputación de alguien invariablemente se daña o es destruida.

En conexión con el noveno mandamiento, Moisés estableció varias leyes con el fin de proteger la dignidad, o reputación, de las personas. En base al contenido, colocó estas leyes en orden según el rango social aceptado en el antiguo pueblo de Israel: primero, para el leproso (24:8, 9), luego el deudor (24:10-13), el jornalero pobre (24:14, 15), el indigente (24:17-22), el malhechor (25:1-3) y, por último, el animal (25:4).

24:8, 9. María había calumniado a su hermano Moisés y, como resultado, había quedado leprosa (comp. Nm. 12:1-15). Si volviera a haber un ataque de lepra, Moisés advirtió a Israel que se sometiera a las instrucciones de los sacerdotes levitas, quienes tenían la autoridad de tratarla y declarar curados (o "limpios") a los que habían contraído la enfermedad (Lv. 13:1-59).

24:10-13. Dos ordenanzas mantenían la dignidad del deudor. Estaba prohibido que el prestamista entrara en la casa del deudor y tomara cualquier cosa que se había considerado como prenda del préstamo. Si la prenda era una capa, la vestimenta externa usada como cama para dormir, debía ser devuelta cada noche.

24:14, 15. La dignidad del pobre empleado como siervo podía ser mantenida pagándole diariamente por el trabajo realizado. En el antiguo Cercano Oriente este pago por lo general incluía su comida cotidiana. Nadie debe tener que mendigar por lo que en realidad le corresponde.

24:16. Moisés estableció el valor individual de cada persona haciendo que cada uno fuera responsable de sus propios pecados.

24:17-22. El vivo interés por la justicia debida a los marginados de la sociedad es un tema común en Deuteronomio (ver 1:17; 10:17-19; 16:18-20). Moisés mandó a los agricultores que dejaran algo del producto en el campo en la época de la cosecha. Permitiendo que los pobres, las viudas y los extranjeros recogieran las sobras del campo, estos indigentes tendrían los medios de subsistir sin la indignidad de tener que mendigar.

25:1-3. Aun el delincuente en el antiguo pueblo de Israel debía mantener su dignidad como persona. El culpable de un delito cuyo castigo era ser azotado, no podía recibir más de cuarenta azotes. Si se le daba más "tu hermano [se sentiría] envilecido delante de tus ojos" (25:3).

25:4. En la creación Dios colocó a los animales bajo el cuidado responsable del ser humano (Gn. 1:28). Por esta razón, no se debía hacer trabajar a los animales domésticos en exceso ni negarles el alimento.

La historia de Rut es una excelente ilustración del sistema socioeconómico del antiguo Israel operando como debía ser en la práctica. Rut, una extranjera, pudo ganarse el sustento y mantener a su suegra viuda espigando en los campos de Booz, un rico agricultor de Belén.

El apóstol Pablo usó Dt. 25:4 como evidencia de que los que predican el evangelio tienen el derecho de esperar que sus congregaciones les proporcionen lo necesario para su bienestar (1 Co. 9:3-9; 1 Ti. 5: 17, 18).

■ *Toda persona, sea cual fuere su posición*
■ *percibida en la sociedad, es de gran valor*
■ *para Dios. Por esta razón, su dignidad debe*
■ *ser protegida en todo momento.*

Asuntos relacionados con el décimo mandamiento (25:5-19)

"No codiciarás."

Al prohibir la codicia, el décimo mandamiento va al corazón de los otros nueve. Codiciar es desear algo que otra persona tiene el derecho exclusivo de poseer. Mientras que los demás mandamientos hablan principalmente de acciones, el décimo empieza con los pensamientos y las intenciones de la persona. Bajo la protección del décimo mandamiento, Moisés dio normas para situaciones en que la intención jugaba un papel principal.

25:5-10. La costumbre del casamiento levirato permitía al hombre heredar la propiedad de su hermano fallecido y administrarla para su viuda. De esta manera, la propiedad familiar permanecería intacta. Como parte de este arreglo, el hombre se casaba con la viuda de su hermano y cualquier hijo varón que tuvieran sería contado como hijo del marido muerto. Moisés institucionalizó esta costumbre en Deuteronomio y proveyó un recurso para el caso en que el hermano vivo se negara a cumplir sus responsabilidades según la ley del levirato. Era malo "codiciar la mujer del prójimo", pero era igualmente malo rechazar a "la esposa del hermano" si el bienestar de ella caía bajo su responsabilidad.

25:11, 12. En un caso relacionado, Moisés dijo que la mujer que asiera los genitales de un hom-

En cierta forma el casamiento de Booz con Rut cumplió los requisitos del matrimonio levirato como estipula Deuteronomio. Booz procuró casarse con Rut porque su esposo había muerto, pero primero tenía que obtener ese derecho de un pariente masculino más cercano al esposo fallecido de Rut (Rt 4:1-10). Un ejemplo más claro del matrimonio levirato se encuentra en Gn. 38:1-11.

Los saduceos usaron un caso hipotético de responsabilidad de la ley del levirato cuando trataron de probarle a Jesús que la vida después de la muerte era "irrealizable" y, por ende, no existía (Mr. 12:18-27). Jesús contestó que en el cielo, las personas "no se casarán ni se darán en casamiento", debilitando así su argumento.

bre en una pelea (y, por implicación, procuraba entorpecer su habilidad de procrear hijos) debía ser castigada.

25:13-16. Por último, Moisés habló de la necesidad de contar con pesas y medidas justas. La preocupación de Moisés por la justicia social y económica, tema prominente a lo largo de su sermón, también proveyó el contenido de este último estatuto. Todas las formas de deshonestidad, son, en su fundamento, actos del corazón.

A fin de ilustrar la depravación de la codicia, Moisés recordó a Israel su encuentro con los amalecitas en el desierto (25:17-19; comp. Ex. 17:8-16). Buscando botín de guerra, los amalecitas tendieron una emboscada a Israel en un momento extremadamente vulnerable. Moisés ordenó que cuando Israel entrara a la tierra prometida, debían destruir a los amalecitas (comp. 1 S. 15:1-33).

■ *El décimo mandamiento habla de la codicia,*
■ *una actitud del corazón. Al hacerlo, brinda*
■ *una oportunidad de ver la dimensión interna*
■ *de los otros nueve.*

CELEBRACION DEL PACTO (DT. 26:1-19)

Como conclusión de su segundo sermón Moisés instó a Israel a dar ofrendas para los levitas y de esta manera celebrar la vida en la tierra prometida.

Una ofrenda a Dios de primicias y diezmos (26:1-15)

Moisés había ordenado a Israel que llevara los primeros (y mejores) productos cosechados en sus viñas, huertos y campos a Jerusalén cada

Celebración del pacto (Dt. 26:1-19)

año durante la fiesta de las semanas (Ex. 23:16;
34:22; Nm. 28:26-31; Dt. 16:9-12). Esta ofrenda era para el sustento de los levitas, que no contaban con herencia de tierras (12:6-19;
14:22-27; 18:3-5). Al ofrecer estos obsequios a
los sacerdotes, Israel, como un rey vasallo,
podía rendir homenaje al Señor soberano.

En una ceremonia especial, el que ofrecía la
ofrenda debía colocar algunas de sus primicias
en un canasto y entregárselo al sacerdote, quien
lo colocaba ante el altar en el templo (26:2-4). El
que traía la ofrenda debía recitar un credo recor-
dando los hechos bondadosos por medio de los
cuales Dios liberó a Israel de Egipto y los trajo a
la prosperidad de la tierra prometida (26:5-11).

De igual manera, cuando un israelita traía el
diezmo trienal de sus productos a los levitas (Dt.
14:28, 29) debía ofrecer una confesión a Dios
(26:12-15). Esta vez, en lugar de hacer memoria
de los actos bondadosos de Dios en el pasado,
debía declarar su obediencia a los términos del
pacto y pedirle a Dios que respondiera bendi-
ciendo a su pueblo.

Esta era
esencialmente una
celebración de la
cosecha. "Semanas"
se usaba con
referencia al período
de la siega de los
granos, desde la
cebada hasta el trigo.
Se celebraba durante
siete semanas
completas, o
cincuenta días
después de la
Pascua, por lo que se
le dio el nombre de
Pentecostés.

■ *Moisés esperaba que Israel llevara cada año*
■ *ofrendas a los sacerdotes en Jerusalén como*
■ *evidencia de su respuesta de constante*
■ *agradecimiento por los términos del pacto de*
■ *Dios. De esta manera, Dios, su pacto, su*
■ *pueblo y la tierra prometida estaban fuerte-*
■ *mente ligados unos a otros.*

Mandato de obedecer a Dios (26:16-19)

Moisés terminó su segundo sermón con un
mandato para que Israel obedeciera a Dios. Este
mandato resume la razón de las estipulaciones

"Y haré de ti una nación grande, y te bendeciré... y serán benditas en ti todas las familias de la tierra."
Génesis 12:2, 3

del pacto que Moisés había presentado ante Israel. Esa razón se encontraba en la relación que Dios había establecido entre él e Israel y las responsabilidades que cada uno asumió a fin de mantener su relación.

Era responsabilidad de Israel aceptar al Señor como Dios, andar en sus caminos, guardar sus leyes y obedecer su voz con todo su corazón y toda su alma (26:16, 17). Dios, por otra parte, prometió tomar a Israel como su propia posesión especial, elevarlos por sobre todas las demás naciones y hacer de ellos un pueblo santo (26:18, 19; comp. Gn. 12:1, 2; Ex. 19:5, 6).

■ *En su segundo sermón, Moisés bosquejó las*
■ *responsabilidades de la relación del pacto*
■ *entre Dios e Israel. Lo que Dios prometía, lo*
■ *cumpliría. Lo que Israel prometía, debía*
■ *cumplirlo.*

PREGUNTAS PARA GUIAR SU ESTUDIO

1. ¿Cómo enseñó Moisés a Israel que los primeros cuatro mandamientos, los que tratan de la relación del hombre con Dios, tienen una dimensión ética?

2. ¿Cómo enseñó Moisés a Israel que cada uno de los mandamientos tiene una dimensión interior, dirigida al corazón?

3. ¿Por qué era importante que Israel centralizara su adoración a Dios en un lugar, Jerusalén?

LAS CONSECUENCIAS DE LA OBEDIENCIA (DT. 27:1–29:1)

De acuerdo con el formato de los tratados de relación de vasallaje según el cual Moisés estructuró el libro de Deuteronomio (ver "Introducción, Estructura y Contenido"), su tercer sermón delinea las consecuencias que Israel enfrentaba si cumplía o incumplía el pacto. Estas consecuencias se describen como "bendiciones" y "maldiciones".

La ceremonia de renovación del pacto (Dt. 27:1-26)

Una vez que Israel entrara en la tierra de Canaán, debían ratificar el pacto en una ceremonia formal sobre los montes Ebal y Gerizim. Moisés dio instrucciones a Israel para que construyera un altar de piedras no labradas (comp. Ex. 20:22-26) sobre el monte Ebal y levantara a su lado piedras grandes revocadas de cal sobre las cuales debían escribir "todas las palabras de esta ley", probablemente los Diez Mandamientos (27:2-8).

Moisés dio luego instrucciones para que seis tribus permanecieran de pie sobre el monte Gerizim y seis sobre el monte Ebal. Cuando los levitas recitaban las bendiciones que Dios daría si Israel guardaba la ley, los del monte Gerizim debían exclamar: "¡Amén!" Al escuchar las maldiciones que sufriría Israel si desobedecían, los que estaban sobre el monte Ebal debían exclamar: "¡Amén!" De esta manera, cada israelita declararía su propia responsabilidad de guardar

La ciudad de Siquem, localizada en el corazón de Canaán, estaba en un angosto valle a la sombra del monte Ebal al norte y el monte Gerizim al sur. Siquem era una ciudad-estado poderosa que había tenido prominencia en las historias de los patriarcas (Gn. 12:6; 33:18; 34:1-31; 35:4; 37:12-14). Los arqueólogos han descubierto una estructura sobre el monte Ebal que algunos creen es el altar que Josué construyó para la ceremonia de renovación del pacto.

Amén es una palabra hebrea que significa: "¡Así sea!" Se relaciona con un verbo cuya idea raíz es "confirmar" o "apoyar". En 1 Cr. 16:36 y Sal. 106:48, todo Israel respondió al llamado de bendecir al Señor con un "¡Amén!" de afirmación en voz alta. Isaías 65:16 dice: "El que se bendijere en la tierra, en el Dios de verdad se bendecirá; y el que jurare en la tierra, por el Dios de verdad jurará" (literalmente: "el Dios del Amén"; comp. Ap. 3:14).

Amén ocurre frecuentemente en el Nuevo Testamento como una forma de afirmación de una doxología (ver Ro. 1:25; 16:27; Gá. 1:3-5; Ef. 3:21; Fil. 4:20). Según 1 Cor. 14:16, se esperaba que los miembros de la iglesia respondieran "¡Amén!" a las palabras de gratitud durante los cultos.

el pacto y reconocer, con anterioridad, las consecuencias de su conducta (comp. Neh. 5:13).

Antes de presentar una lista general de bendiciones y maldiciones de las cuales se haría objeto Israel en la tierra de Canaán, Moisés citó doce maldiciones específicas que debían ser recitadas por los levitas a los que se encontraban sobre el monte Ebal, a las cuales Israel debía responder "¡Amén!" (27:15-26). Cada una de las doce maldiciones abarcaba una situación no mencionada específicamente en las estipulaciones del pacto dadas previamente por Moisés (capítulos 12–25). Además, cada maldición se relacionaba con un pecado cometido en secreto y sin testigos. Porque tales infracciones del pacto no podían ser juzgadas por el hombre, los que las cometían eran considerados "malditos", es decir, juzgados por Dios. Al responder "Amén", cada israelita se colocaba bajo la maldición en el caso de cometer pecados secretos.

Después de la conquista de la región sur de Canaán, Josué condujo a los israelitas a los montes Ebal y Gerizim, donde renovaron el pacto siguiendo las instrucciones de Moisés (Jos. 8:30-35).

■ *Al participar en la ceremonia de renovación*
■ *del pacto cuando estuvieran ya en la tierra*
■ *prometida, cada israelita se comprometía a*
■ *cumplir los términos del pacto y prometía*
■ *obedecer sus estatutos.*

Bendiciones y maldiciones (Dt. 28:1–29:1)

Las bendiciones y maldiciones registradas en Deuteronomio 28 pueden haber sido las dichas en la ceremonia de renovación del pacto sobre los montes Ebal y Gerizim (ver Jos. 8:33, 34). La cantidad de versículos que describen las maldiciones son cuatro veces más que los que describen las bendiciones, una indicación segura de que Moisés necesitaba advertir a Israel sobre las consecuencias de su futura desobediencia (Dt. 31:16-18, 27).

Bendiciones de la obediencia (28:1-14)

Las bendiciones de la obediencia prometían bienestar para Israel. Eran bastante completas, abarcando todos los aspectos de la vida social, económica y nacional de Israel. Dios prometió que su pueblo sería exaltado "sobre todas las naciones de la tierra" (28:1), una indicación de su prosperidad dentro y fuera de sus fronteras. Porque el antiguo Israel era una sociedad agrícola, muchas de estas bendiciones se centraban en la fertilidad abundante de sus tierras y ganados (28:3-5, 8, 11, 12). Rememoran la bendición general de "fructificad y multiplicaos" que Dios pronunciara sobre la humanidad en el jardín del Edén (Gn. 1:28). Otras enfocaban la buena reputación de Israel entre las naciones (28:7, 10, 13), cumplimiento parcial de la promesa que Dios había hecho a Abraham cuatro siglos antes de que "serán benditas en ti todas las familias de la tierra" (Gn. 12:3).

Estas bendiciones distaban mucho de ser automáticas, no obstante, Moisés inició y terminó la lista de bendiciones con un "si" condicional (28:1, 13, 14). Las bendiciones dependían de la obediencia de Israel a las estipulaciones del pacto que Moisés enunció en su segundo sermón (capítulos 12–25).

Siquem siguió jugando un papel prominente en la historia bíblica. Josué renovó el pacto una segunda vez cuando pronunció allí su discurso de despedida (Jos. 24:1-28). Abimelec, hijo de Gedeón, trató de establecer un reino en Siquem (Jue. 9:1-57). Siquem llegó a ser la primera capital del reino del norte, Israel (1 R. 12:25). El valle entre el monte Ebal y el monte Gerizim se convirtió en territorio samaritano, y fue en Sicar, cerca de la antigua Siquem, que Jesús se encontró con la mujer junto al pozo (Jn. 4:1-42).

La palabra *bendecir* se deriva de otra que significa "doblar la rodilla". Una bendición, cuando es pronunciada por una persona, es una expresión del deseo de que el favor de Dios descanse sobre otro. Cuando la pronuncia Dios, una bendición es una promesa de algún favor o bondad sobre elementos de su creación. Cuando una persona bendice a Dios, el sentido literal de doblar las rodillas en adoración es lo principal.

Bajo el liderazgo de reyes fuertes y piadosos, Judá, el reino del sur, disfrutó de paz y prosperidad. La Escritura describe esos reyes y reinados en términos de las bendiciones que Moisés listara en Dt. 28 (ver 1 R. 4:29-34; 9:26-10:25; 2 Cr. 26:10).

"Bendecir" "Maldecir"

Mientras que en hebreo hay una sola palabra para "bendecir", hay seis que pueden ser traducidas "maldecir", cada una con su propio matiz de significado. La palabra "maldecir" usada en Dt. 28:15-19 significa amarrar o lograr que algo deje de tener poder para ofrecer resistencia. Esto es, una vez que era maldecido por Dios, nada podía hacer Israel para restaurar su país y su bienestar.

Moisés resumió las maldiciones en el versículo 20: "Y Jehová enviará contra ti la maldición, quebranto y asombro en todo cuanto pusieres mano e hicieres, hasta que seas destruido, y perezcas pronto." Luego pasó a explicar lo que ese "quebranto y asombro" incluiría.

■ Si Israel permanecía fiel a Dios y a la relación
■ de pacto que él estableció con Israel, él respon-
■ dería bendiciéndoles en maneras tangibles.

Maldiciones por la desobediencia (28:15–29:1)

Las maldiciones por la desobediencia obraban para revertir o anular las bendiciones que Moisés acababa de enunciar (28:16-19; comp. 28:3-6). Al igual que las bendiciones, el que se cumplieran sería un resultado directo de las respuestas de Israel a las estipulaciones del pacto de Dios (28:15, 45, 47, 58).

Las maldiciones de Deuteronomio presagian el exilio de Judá en Babilonia en el siglo VI a. de J.C. (ver 2 R. 25:1-26; Sal. 137; Lm. 1–5). Porque Israel había sido librado de la esclavitud en Egipto, Moisés describió el exilio futuro en términos de un regreso a Egipto (28:68; comp. 28:27). El énfasis en el exilio al final del Pentateuco es un eco del exilio que tuvo lugar al principio del Pentateuco. Después de desobedecer a Dios, Adán y Eva fueron exiliados del huerto del Edén, su "tierra prometida", a una tierra que había sido puesta bajo la maldición de Dios (Gn. 3:17, 22-24). No obstante, porque Dios fue fiel a Adán y Eva después de su caída, Israel podía estar seguro de que sería fiel cuando ellos también cayeran.

■ Para Israel, el resultado de la desobediencia
■ sería catastrófico. Su territorio, sus familias
■ y su propia existencia se verían terrible-
■ mente afectados.

PREGUNTAS PARA GUIAR SU ESTUDIO

1. Para el antiguo Israel, ¿qué significaba ser bendecido o maldecido por Dios? ¿Qué significa en la actualidad?

2. ¿Por qué era importante que cada israelita dijera "¡Amén!" personalmente a las bendiciones y maldiciones del pacto?

3. A la luz de la historia posterior del antiguo Israel, ¿cuán "exactas" fueron las maldiciones de Deuteronomio 28?

CUARTO SERMON DE MOISES

MIRANDO HACIA EL FUTURO (DT. 29:2—30:20)

Moisés había dado a Israel las leyes necesarias a fin de ordenar y guiar su vida en la tierra prometida, y había advertido a Israel de las consecuencias de su conducta una vez que estuvieran allí. Moisés empezó ahora a hacer los preparativos finales para la entrada a Canaán. Su cuarto sermón se centró en la renovación del pacto (29:10-12). En él llamó a Israel a tomar la decisión consciente de seguir a Dios.

Un llamado a ser fieles al pacto (Dt. 29:2-29)

Moisés empezó su cuarto sermón con un resumen del primero (comp. 1:1–4:43). Dios había liberado y sacado a Israel de Egipto (29:2-4), los había guiado y sustentado en el desierto (29:5, 6), vencido a Sehón y Og en Transjordania (29:7), y permitido que las tribus de Rubén y Gad y la media tribu de Manasés se asentaran en su territorio (29:8). Ahora Israel se encontraba lista para heredar las promesas que

Muchas de las maldiciones que Moisés pronunció sobre Israel son en realidad acciones opuestas a las que requerían los estatutos del pacto (ver 28:30 y 20:5-7; 28:44 y 15:6). Es decir, por desobedecer los términos del pacto, Israel les habría hecho lo que ellos hicieron (¡pero no debían haber hecho!) a otros. Este "cambio de fortuna" se convirtió en un tema destacado en las profecías bíblicas (ver Is. 33:1; Hab. 2:6-17) y constituyen la base de la Regla de Oro: "Todas las cosas que queráis que los hombres hagan con vosotros, así también haced vosotros con ellos" (Mt. 7:12).

Hacia el final de la existencia de Israel como nación, muchos en Jerusalén creían que la ciudad nunca sería conquistada. Dios había prometido proteger a su ciudad y su pueblo (Sal. 132: 13, 14). Por medio de Jeremías, Dios respondió con palabras que son un eco de Deuteronomio: "si mejorareis... vuestros caminos y vuestras obras; si con verdad hiciereis justicia entre el hombre y su prójimo... os haré morar en este lugar, en la tierra que di a vuestros padres para siempre" (Jer. 7:5-7).

El escritor de Hebreos alentó a la iglesia primitiva a ser fiel apelando a "tan grande nube de testigos" que permanecieron fieles en el pasado (He. 11:1–12:1). Refiriéndose a los espiritualmente perezosos de Dt. 29:18, advirtió: "Mirad bien, no sea que alguno deje de alcanzar la gracia de Dios; que brotando alguna raíz de amargura, os estorbe, y por ella muchos sean contaminados" (He. 12:15).

Dios había hecho a Abraham, Isaac y Jacob (29:13; comp. Gn. 12:1-3).

Por lo que Dios había hecho en el pasado, la única respuesta correcta de Israel era permanecer fiel al pacto que él había establecido con ellos (29:9). Moisés hizo su llamado a la fidelidad al pacto a todo Israel: ancianos y jóvenes, extranjeros y los que aún no habían nacido, que estaban con él en las planicies de Moab (29:10, 11; 14, 15). Tenía su vista puesta en el futuro.

Moisés habló incisivamente a cualquiera que podía suponer que recibiría automáticamente los beneficios de la gracia de Dios por estar viviendo dentro de la comunidad del pueblo de Dios, creyendo: "Tendré paz, aunque ande en la dureza de mi corazón" (29:19). Moisés llamó a tales personas una raíz que da fruto venenoso y amargo (29:18). Como justa recompensa, Dios les daría un castigo tal que sería recordado por las generaciones venideras (29:20-28).

De hecho, Moisés previó que, como resultado de actos individuales de infidelidad, toda la tierra prometida un día sufriría como de una enfermedad (29:22, 23) y su pueblo sería llevado al exilio (29:28). Si Israel no se prestaba para enseñar voluntariamente a las naciones cómo seguir a Dios, aprenderían, en cambio, acerca de Dios al ser testigos de su castigo sobre Israel.

■ *Moisés llamó a todos y cada uno de los is-*
■ *raelitas a ser fieles a Dios y a su pacto. Las*
■ *bendiciones de Dios no son automáticas sino*
■ *que requieren un compromiso individual.*

Un llamado a tomar una decisión (Dt. 30:1-20)

Deuteronomio 29 termina con una nota de tristeza, pero el cap. 30 empieza con una palabra de esperanza. Después de ser sacados de su tierra —una tierra a la cual ni habían entrado todavía— Israel podía todavía volver a Dios y recibir su perdón (30:2, 3). Moisés veía un día cuando Dios circuncidaría el corazón de Israel para que pudieran *amarle de verdad* con todo su corazón, y vivir (30:6; comp. 6:5; 10:16). Sólo entonces bendeciría Dios a su pueblo para que "[abundara] en toda obra" (30:9).

La implicación es clara. Moisés sabía que Israel, por su propia fuerza, nunca podría guardar el pacto que Dios había puesto frente a ellos en el monte Sinaí y que Moisés había preservado tan cuidadosamente en el libro de Deuteronomio. No obstante, el pueblo de Dios era todavía llamado a la obediencia y la fe.

Si un israelita se negaba a ser circuncidado se negaba, en consecuencia, a participar en el pacto de Dios. Si era circuncidado pero no quería escuchar a Dios ni obedecerle, era como si tuviera "oídos... incircuncisos" (Jer. 6:10) o fuera un "incircunciso de corazón" (Jer. 9:26). Según los profetas bíblicos, hubiera dado igual que la persona fuera incircuncisa en un sentido físico. Moisés miraba al día cuando Dios circuncidaría el corazón de todos los israelitas para que, como una expresión del amor y fe de ellos hacia Dios, pudieran verdaderamente obedecerle y andar en sus caminos (Dt. 10:16; Jer. 4:4).

Mientras tanto, Moisés ofreció a Israel una decisión clara: Aceptar el bien y la vida o la muerte y el mal (30:15). El camino era conocido por Israel porque en su segundo sermón, Moisés

Dios proveyó la circuncisión (Gn. 17) como una señal del pacto y un sello que ligaba a las partes del pacto (Dios y su pueblo). Ser circuncidado no "salvó" a Abraham, sino que sólo sirvió para confirmar físicamente su creencia previa en Dios (ver Gn. 15:6) y subrayar su obligación de cumplir las demandas del pacto. Eso es lo que hizo Abraham (Gn. 26:5).

En Dt. 30:6 Moisés previó el Nuevo Pacto al cual se refieren Jer. 31:31-34 y Ez. 36:22-28: "Daré mi ley en su mente, y la escribiré en su corazón; y yo seré a ellos por Dios, y ellos me serán por pueblo" (Jer. 31:33). Pablo comprendió que un "verdadero judío", alguien que era de verdad parte del pueblo de Dios, era circuncidado interiormente, en su corazón (Ro. 2:29). Uno puede amar a Dios sólo cuando su corazón ha sido cambiado por la obra purificadora de Jesucristo.

había puesto cuidadosamente los mandamientos del cielo dentro de las realidades de la vida sobre esta tierra (30:11-14). Al rechazar el bien en el Edén, Adán y Eva eligieron la muerte en lugar de la vida (Gn. 1:31; 2:17; 3:19). Ahora, como aquella primera pareja, cada israelita también debía escoger seguir a Dios o rechazarle (30:16-18). Dios llamó a la creación misma como testigo de la decisión de Israel (30:19). Si Israel se decidía contra Dios, la propia tierra a la cual entrarían se volvería contra ellos.

■ *Cada uno tiene que decidir seguir o no a Dios.*
■ *En definitiva, nadie puede seguirle hasta que el*
■ *Señor cambia, o "circuncida", su corazón.*

PREGUNTAS PARA GUIAR SU ESTUDIO

1. ¿Cómo las advertencias de Moisés en cuanto a ser desarraigados de la tierra prometida prepararon a Israel para vivir en esa tierra? ¿Cuál fue la respuesta de Israel cuando el exilio babilónico aparecía en el horizonte?

2. ¿Qué significa tener un "corazón circun ciso"?

3. ¿Cómo el saber que Moisés escribió Génesis nos ayuda a entender por qué dijo lo que dijo en Deuteronomio?

ULTIMAS PALABRAS DE MOISES

OBSERVACIONES FINALES
(DT. 31:1–34:12)

El libro de Deuteronomio concluye con encargos de Moisés a Israel y Josué, una presentación poética de los hechos poderosos de Dios, la bendición de Moisés sobre las tribus de Israel y el relato de la muerte de Moisés.

Liderazgo y dirección para el futuro
(Dt. 31:1-29)

Aunque Moisés no entraría en la tierra prometida, su legado seguiría por medio del nuevo líder y de la ley escrita que había dado a Israel.

Dios, el verdadero líder de Israel (31:1-8)

Moisés, de ahora 120 años, estaba a punto de morir y la tarea de llevar a Israel a entrar en Canaán le correspondía a Josué. Moisés animó a Josué en su tarea al recordarle que era el Señor quien realmente guiaba a Israel (31:3, 6, 8). Dios entregaría los cananeos a Josué así como había entregado Sehón y Og a Moisés (31:4, 5; comp. 2:24–3:11). La tierra era verdaderamente un obsequio de Dios; Josué sólo tenía que tomarla.

Moisés le dijo a Israel: "esforzaos y cobrad ánimo" (31:6), luego repitió el encargo a Josué (31:7; comp. 3:21, 22). Después de la muerte de Moisés, Dios alentó a Josué diciéndole tres veces las mismas palabras (Jos. 1:6, 7, 9).

■ *Contando con Dios como su verdadero líder,*
■ *Israel no tenía por qué temer al cruzar el río*
■ *Jordán y recibir la tierra prometida.*

Las instrucciones de Dios debían ser preservadas y leídas (31:9-13)

El escritor de Hebreos citó parte del encargo de Moisés a Israel y Josué: "No te desampararé, ni te dejaré" al alentar a la iglesia primitiva a vivir con contentamiento, sin obsesionarse por el bienestar económico (He. 13:5; comp. Dt. 31:6, 8).

Era importante que un hombre con las cualidades de Josué guiara a Israel a entrar en Canaán, pero eso no bastaba para asegurar que Israel permaneciera fiel a Dios. Israel más bien necesitaba un testimonio permanente del pacto de Dios. Moisés también se lo proveyó.

Moisés escribió "esta ley", probablemente las estipulaciones del pacto de Deuteronomio 5–25 junto con las bendiciones y maldiciones de los capítulos 27 y 28, y las dejó en manos de los sacerdotes con las instrucciones para su futuro uso (31:9). Cada siete años, Israel se reuniría ante Dios en Jerusalén en la fiesta de los tabernáculos para destacar el año de liberación (Dt. 15:1-18), los sacerdotes debían leer la ley para que "oigan y aprendan, y teman a Jehová vuestro Dios, y cuiden de cumplir todas las palabras de esta ley" (31:12). De esta manera, cada generación se consagraría nuevamente a participar en el pacto de Dios (31:13).

La única ocasión registrada de que la ley fuera leída en público durante la fiesta de los tabernáculos aparece en Nehemías 8:13–9:38. Esto tuvo lugar después de que los muros de Jerusalén fueran reconstruidos. Luego de que la ley fuera leída, el pueblo pactó unido que la pondrían por obra, luego lo pusieron por escrito y lo firmaron (Neh. 9:38).

■ *Moisés ordenó que la ley se leyera pública-*
■ *mente cada siete años a fin de asegurar que*
■ *fuera cumplida. Esto raramente se hizo.*

Josué como el nuevo líder de Israel (31:14-23)

Dios le había dicho a Moisés que trajera a Josué a la tienda de reunión (el tabernáculo) donde fue comisionado como el nuevo dirigente de Israel (31:14, 15). Por primera vez durante la experiencia de andar en el desierto, Dios habló directamente a Josué en lugar de hacerlo por medio de Moisés: "Esfuérzate y anímate" (31:23; comp. Jos. 1:6-9). El traspaso del mando estaba en camino.

Durante el culto de comisionar a Josué, Dios advirtió a Moisés que después de su muerte, Israel con seguridad quebrantaría el pacto (31:16-18; comp. 4:25-31; 7:1-4). Para ayudar a impedir que esto sucediera, Dios dio a Moisés un canto para enseñárselo a Israel. Ese canto, que aparece en Deuteronomio 32, tenía el propósito de instruir a Israel en los caminos de Dios.

No se sabe con qué frecuencia leían los sacerdotes la ley a Israel a lo largo de su historia; la evidencia en Reyes y Crónicas sugiere que raramente lo hacían. Durante el reinado de Josías, Hilcías, el sumo sacerdote, encontró "el libro de la ley", que muchos eruditos creen era Deuteronomio, durante las reparaciones del templo (2 R. 22:8-20). Es evidente que había estado perdido por años. Al escuchar la ley, Josías estableció reformas en todo el país basadas en las instrucciones religiosas y éticas contenidas en Deuteronomio.

- Dios comisionó a Josué para remplazar a
- Moisés como dirigente de Israel.

Las instrucciones de Dios deben ser preservadas y leídas (Dt. 31:24-29)

Finalmente, Moisés instruyó a los levitas a que colocaran la copia de la ley que él había escrito junto al arca del pacto, la caja cubierta de oro que se encontraba en el lugar santísimo, la parte más sagrada del tabernáculo (templo). La ley escrita debía ser, entonces, un "testigo" perpetuo contra Israel (31:24-26), dando testimonio de que las normas de Dios sobre la santidad no se estaban obedeciendo.

■ *Para Israel, la ley escrita no sólo proveyó*
■ *instrucción en cuanto a sus obligaciones con*
■ *relación al pacto, sino que también sirvió*
■ *para condenarlos por su desobediencia.*

El canto de Moisés (31:30–32:47)

El canto de Moisés es una composición brillante alabando los hechos de Dios a favor de Israel, su pueblo que tantas veces había fallado. Como un excelente exponente de la poesía hebrea antigua, este canto demuestra un uso magistral de técnica y talento artístico.

Moisés tuvo cuidado de presentar la "fundación" de Israel en el desierto como un evento de la creación. Las palabras "yermo de horrible soledad" y "revolotea sobre" usadas en Dt. 32:10, 11 ocurren también en Gn. 1:2 (allí traducido "desordenado y vacío" y "se movía sobre"). Así como Dios creó el mundo para que el ser humano viviera en él y lo disfrutara, hizo un pueblo especial para vivir en su tierra prometida y para disfrutarla. La creación misma, "cielo y tierra", fue llamada como testigo de los actos bondadosos de Dios y la respuesta rebelde de Israel (32:1).

En su canto Moisés recordó el período cuando andaban errantes por el desierto. Más bien que citar sucesos específicos de aquella experiencia, presentó un panorama general, permitiendo así que las futuras generaciones pudieran responder: "¡Esto también se aplica a mi vida!"

El canto de Moisés puede bosquejarse de la siguiente manera:

I. La invocación de testigos (32:1-4)

II. La acusación contra Israel (32:5, 6)

III. Participación de Dios en el pasado de Israel (32:7-14)

IV. La indignación de Dios contra Israel (32:15-27)

V. Dios es invencible a pesar de Israel (32:28-43)

Después de enseñar este canto a Israel, Moisés exhortó a los padres que instruyeran a sus hijos en la ley de Jehová (32:44-46). Era serio lo que estaba en juego: "No os es cosa vana; es vuestra vida" (32:47).

- Moisés escribió y enseñó a Israel un canto
- mediante el cual el carácter y los actos de
- Dios pudieran ser conocidos y recordados de
- generación en generación.

La bendición de Moisés (32:48–33:29)

En vista de la inminencia de su muerte, Moisés bendijo a las tribus de Israel. En general veía un futuro optimista para ellos. En otras partes Moisés se refirió a los fracasos inevitables de Israel cuando se hubieran asentado en la tierra prometida, pero aquí, en su última voluntad y testamento, habló sólo de lo bueno.

La muerte inminente de Moisés (32:48-52)

Como preludio de la bendición que expresaría a las tribus de Israel, a Moisés le fue dicho de nuevo que moriría sin entrar en Canaán (comp. 1:37; 3:23-29; 4:21; 31:2). En Meriba de Cades, Dios le había dicho a Moisés que ordenara al agua salir de una roca para saciar la sed de Israel. En cambio, Moisés golpeó la roca con su cayado como lo había hecho en una ocasión anterior (Nm. 20:2-13; 27:12-14; comp. Ex. 17:1-7). Aunque parezca un asunto pequeño a los ojos del hombre, la desobediencia de Moisés había causado una grieta en su relación con Dios, comprometiendo su santidad y dando prueba de que "todos pecaron, y están destituidos de la gloria de Dios" (Rm. 3:23).

Moisés moriría y sería enterrado en una montaña como su hermano Aarón antes que él (comp. 20:22-29). En la maravillosa reverencia de la cima de la montaña desértica, cada uno de estos grandes hombres descansó cerca de Dios.

- *Por su desobediencia, aun Moisés perdió la*
- *tierra prometida. Sin la gracia de Dios, lo*
- *mejor que podamos hacer, no llega nunca a*
- *ser suficiente para Dios.*

Bendiciones de Moisés sobre las tribus de Israel (33:1-29)

A lo largo del libro de Deuteronomio, Moisés advirtió a Israel sobre las consecuencias de su desobediencia cuando hubieran llegado a la tierra prometida. Pero su última palabra, una bendición sobre las tribus de Israel, era optimista. Expresaba no lo que le sucedió a Israel en la época del Antiguo Testamento, sino lo que Moisés *anhelaba* que sucediera, y lo que *podría* suceder si Israel permanecía fiel al pacto de Dios.

Jesurún, un nombre poético dado a Israel, se encuentra sólo en cuatro lugares en la Biblia. De estos, tres en los poemas que se encuentran al final de Dt. 32:15; 33:5; 26 y el otro (Is. 44:2) se encuentra en una poesía sobre la restauración espiritual de Israel. *Jesurún* es un término cariñoso que significa "El recto". La significancia del nombre no es que Moisés consideraba que Israel fuera recto en un sentido absoluto, sino que cumplía la ley y defendía la justicia.

Moisés inició y finalizó su bendición sobre Israel dando alabanza a Dios (33:2-5, 26-29). Comparó la revelación de Dios en el monte Sinaí con un brillante amanecer en el desierto (33:2), luego declaró que el pueblo de Dios, a quien amaba, había recibido la ley gustosamente (33:3). En cuanto estuviera en su tierra, Israel estaría segura, sería próspera y feliz (33:28, 29).

En Génesis 49, Jacob había bendecido a sus hijos, los antepasados de las doce tribus de Israel. Mientras que algunas de las bendiciones de Jacob eran más como maldiciones (ver Gn. 49:3-7), todas las pronunciadas por Moisés eran favorables. Algunas merecen atención especial:

- Judá recibió una bendición de sentido mesiánico por parte de Jacob (Gn. 49:10), pero la bendición que Moisés dio a la tribu de Judá no fue mayor que las que dio a las otras tribus (33:7). Más bien que favorecer a Judá, Moisés habló bien de todo Israel, indicación que en el futuro, la posición favorecida de Judá "infiltraría" y beneficiaría a todos.

- La tribu de Leví, a quien Dios le había dado el sacerdocio (ver Ex. 32:26-29; comp. Dt. 18:1-8), recibió la responsabilidad de enseñar la ley a Israel (33:10).

- Simeón no recibió una bendición por parte de Moisés (comp. Gn. 49:5), quizá porque Simeón fue aparentemente absorbido por la tribu de Judá.

- La bendición sobre José, cuyos hijos Efraín y Manasés se contaban como tribus separadas, refleja la riqueza de su herencia en la zona montañosa central de Canaán (33:13-17; comp. Jos. 16:1–17:18).

- Moisés conectó a Dan con Basán, la región de Transjordonia al este del mar de Galilea. Ya en Canaán, Josué dio a Dan una herencia tribal junto al mar Mediterráneo en una región dominada por los filisteos (Jos. 19:40-48), pero Dan se mudó a una ciudad en el norte de Galilea cerca de Basán (Jue. 18:1-31).

- *A pesar de su segura desobediencia, Moisés vio un gran futuro para Israel. Un día Israel seguiría totalmente a Dios y sería bendecido con seguridad, felicidad y paz.*

La bendición de Jacob en Génesis 49 se adaptaba a cada uno de sus hijos, pero tenía ramificaciones proféticas importantes para las tribus que descendieron de ellos. Jacob vio que el Mesías descendería de la tribu de Judá.

Muerte y legado de Moisés (34:1, 2)

Por último, Moisés ascendió al monte Nebo, una montaña alta que dominaba (al este) las llanuras de Moab (34:1). Jericó, la primera ciudad a ser conquistada por Josué (comp. Jos. 6:1-27), quedaba hacia el oeste, del otro lado del río Jordán. No resulta claro si Pisga es otro nombre

Aunque el paisaje desde el sitio tradicional sobre el monte Nebo es espectacular, no es posible ver físicamente todas las regiones de Palestina descritas en Dt. 34:1-3. Por ejemplo, la alta sierra central de Judá impide ver "hasta el mar occidental" (o sea el Mediterráneo). Si Moisés "vio" todo el territorio físicamente mediante una visión milagrosa (34:7), o si Dios sencillamente le dio percepción de su alcance no resulta claro. Pero, lo que sí está claro es que, a diferencia de Israel, la habilidad de Moisés de ver con "ojos espirituales" no había disminuido al final de su vida.

del monte Nebo, el nombre de otra montaña cercana o parte de una cadena de montañas en la cual se encuentra el monte Nebo (comp. Nm. 21:20; 23:14; Dt. 3:27).

Desde la cima del Monte Nebo, Dios "le mostró toda la tierra" que Israel heredaría, una tierra prometida a los patriarcas más de cuatrocientos años antes (34:2-4; comp. Gn. 12:1, 7; 13:14, 15; 15:12-21; 26:3; 28:13; 35:12). El Pentateuco finalizó con la confirmación de que las promesas de Dios se cumplirían.

Moisés fue enterrado por Dios en un valle en alguna parte de las montañas de Moab (34:6). Fue apropiado que el lugar donde fue enterrado quedara desconocido; el lugar de Israel estaba al otro lado del Jordán y no necesitaba ser atraída de vuelta al santuario de una tumba en Moab.

Moisés recibió un epitafio inigualable (34:10-12). Aunque muchas descripciones cabrían para él, ninguna sería suficiente; todo puede resumirse en la frase: "Y nunca más se levantó profeta en Israel como Moisés, a quien haya conocido Jehová cara a cara" (34:10; comp. Nm. 12:6-8). Moisés gozaba de intimidad con Dios, caminando con él día a día. Esta misma relación había sido conocida por Adán y Eva (Gn. 3:8), Enoc (Gn. 5:22-24), Noé (Gn. 6:9) y Abraham (Gn. 17:1). Moisés escribió las biografías de estos santos, al igual que la suya propia. El quería que, como ellos, toda Israel caminara con Dios (comp. Dt. 5:33; 8:6; 30:16).

■ *Con la muerte de Moisés, termina la era de*
■ *la fundación del antiguo pueblo de Israel. Un*
■ *día otro profeta, Jesús, se levantaría para so-*
■ *brepasar a Moisés (18:18; Jn. 7:40) pero,*
■ *mientras tanto, Israel sólo tenía que creer,*
■ *obedecer y esperar.*

PREGUNTAS PARA GUIAR SU ESTUDIO

1. ¿De qué maneras las personas en la iglesia cumplen el papel de los sacerdotes del Antiguo Testamento? ¿Qué hacían los sacerdotes que los padres pueden hacer en la actualidad?

2. ¿Cómo prepara el final del libro de Deuteronomio el camino para el comienzo del ministerio de Josué? ¿Para la conquista de Canaán? ¿Para el asentamiento de Israel en la tierra prometida?

3. ¿Por qué era importante que Moisés terminara Deuteronomio con un panorama optimista del futuro de Israel (cap. 33)? ¿Tenía razón, o era sólo una ilusión?

******

Deuteronomio es un libro para "estar preparados", preparados para un nuevo líder, para una nueva vida en una nueva tierra, para Dios. El libro finaliza al borde de su cumplimiento, a un paso de su meta. Termina con una gran esperanza y una gran responsabilidad. Moisés vio desobediencia y fracaso, pero también vio un día cuando Israel podría "cumplir bien".

Una oración judía moderna de gratitud expresa así el espíritu de esperanza que se encuentra en Deuteronomio:

"Te damos gracias, Señor nuestro Dios, por haber dado a nuestros padres como herencia una tierra buena y espaciosa; por habernos sacado de la tierra de Egipto, por habernos redimido de la esclavitud; por tu pacto que has puesto como sello en nuestra carne, por tu Tora que nos has enseñado, por los estatutos que nos diste a conocer, por la vida de gracia y misericordia que bondadosamente nos diste y el sustento con que nos nutres y alimentas siempre, todos los días, en todas las épocas y a cada hora." Bendición recitada en la comida el día de reposo por Judah Goldin

Dios es bondadoso al proveer todo lo necesario para la vida; pero también nos ha dado a aquel a quien más necesitamos. Moisés vio el día de Cristo Jesús, y se regocijó en el profeta que habría de sobrepasarlo aun a él (18:18). Moisés libró a Israel de la esclavitud y le dio la ley; Jesús libró a todos del pecado y escribió la ley en sus corazones (Dt. 30:6). Aprendamos juntos a seguirle.

******